名著で学ぶ政治学

Great Books of Political Science

［編］
加藤秀治郎
Kato Shujiro
永山博之
Nagayama Hiroyuki

一藝社

まえがき

　本書の着想は、編者による、政治学に良書を通じて入っていくための導きになる本を作りたいという考えからはじまった。

　政治学の教科書は数多く出版されているが、ほとんどの学生は、教科書から一歩進んで、政治学の主要な著作に直接挑戦するためのハードルが高いと感じている。学生は、政治学の特定の分野で新書を読了することも容易な作業ではないと思っていることが多いのである。

　一方、政治学のすぐれた著述を紹介する本は、もちろん多数出版されている。それらの本をふまえて、本書の編集において特に留意したことは、

「政治学の古典的名著はできるだけ逃さないように収録する」

「比較的最近（20世紀後半以後）に出版された本をできる限り収録する」

という2つのことである。

　とりわけ政治思想分野では、20世紀初頭までに出版された「古典」の重要性は揺るぎない。これらの古典は、政治学を学ぶ人は誰もがその重要性を認めている。

　しかし、20世紀後半以後は、政治学が扱う分野や方法が爆発的に拡大し、古典的な価値がある名著といっても、すべての人が読めるような量ではなくなってきた。これは政治学が学問分野として確立したことの結果でやむを得ないのだが、そうであってもできる限り良書を、他の本に紹介された断片を通じてではなく、じかに読むことの重要性は変わっていない。

　本書は、これを読んだことで、名著を読むことの代わりとしてもらうことを目的としているのではない（このことは特に強調しておきたい）。

　あえて見開き2ページ（紹介としては最少限）で構成しているのは、本書をいわば踏み台として、少しでも多くの政治学の優れた本に興味をもってもらうためであり、それがかなえられるなら、執筆者一同、少しでも本書を編む労は報いられたと思っている。

　本書を編むにあたっては、それぞれの名著の紹介に適切な執筆者を探してご執筆をお願いすることが、最も大変なことだった。防衛大学校の有賀誠先生には、この点で多大なご協力をいただき、感謝に耐えない。もちろん、執筆者各位にも短い期限とページ数での無理なお願いに応えていただいた。一藝社の松澤隆氏には、いつものことだが、企画から校正にいたるまで、全力であたっていただいた。本書がよいものになったとすれば、これらのみなさまのおかげである。

　2024年6月

編者記す

目 次

まえがき　Ⅲ

Ⅰ 近代以前の名著

国家（プラトン）　2
政治学（アリストテレス）　4
戦史（トゥキュディデス）　6
孫子（著者不詳）　8

Ⅱ 近代の名著

君主論（マキアヴェッリ）　10
国家論（ボーダン）　12
リヴァイアサン（ホッブズ）　14
統治二論（ロック）　16
法の精神（モンテスキュー）　18
社会契約論（ルソー）　20
ザ・フェデラリスト（ハミルトン、マディソン、ジェイ）　22
フランス革命についての省察（バーク）　24
戦争論（クラウゼヴィッツ）　26
アメリカのデモクラシー（トクヴィル）　28
共産党宣言（マルクス、エンゲルス）　30
自由論（J.S.ミル）　32
文明論之概略（福澤諭吉）　34
三酔人経綸問答（中江兆民）　36

III 20世紀の名著 1

国家と革命（レーニン）	38
職業としての政治（ウェーバー）	40
民主主義の本質と価値（ケルゼン）	42
世論（リップマン）	44
大衆の反逆（オルテガ）	46
イデオロギーとユートピア（マンハイム）	48
政治的なものの概念（カール・シュミット）	50
自由からの逃走（フロム）	52
資本主義・社会主義・民主主義（シュンペーター）	54
隷従への道（ハイエク）	56
ピープルズ・チョイス 　　（ラザースフェルド、ベレルソン、ゴーデット）	58
開かれた社会とその敵（ポパー）	60
経営行動（サイモン）	62
国際政治（モーゲンソー）	64
権力と社会（ラスウェル、カプラン）	66
孤独な群衆（リースマン）	68
政党社会学（デュヴェルジェ）	70
現代政治の思想と行動（丸山眞男）	72
パワー・エリート（C.W.ミルズ）	74
民主主義の経済理論（ダウンズ）	76
歴史とは何か（E.H.カー）	78
公共選択の理論（ブキャナン、タロック）	80
公共性の構造転換（ハーバーマス）	82

革命について（アレント） 84
紛争の戦略（シェリング） 86
集合行為論（オルソン） 88
クリヴィジ構造、政党制、有権者の連携関係 90
　　（リプセット、ロッカン）
自由論（バーリン） 92
離脱・発言・忠誠（ハーシュマン） 94
ポリアーキー（ダール） 96

IV 20世紀の名著 2

正義論（ロールズ） 98
決定の本質（アリソン） 100
アナーキー・国家・ユートピア（ノージック） 102
立法府（ポルスビー） 104
静かなる革命（イングルハート） 106
正しい戦争と不正な戦争（ウォルツァー） 108
パワーと相互依存（コヘイン、ナイ） 110
国際政治の理論（ウォルツ） 112
沈黙の螺旋理論（ノエル＝ノイマン） 114
民族とナショナリズム（ゲルナー） 116
想像の共同体（アンダーソン） 118
国民国家と暴力（ギデンズ） 120
ロング・ピース（ギャディス） 122
大国の興亡（ケネディ） 124
秩序を乱す女たち？（ペイトマン） 126

コモンズのガバナンス（オストロム）	128
福祉資本主義の三つの世界（エスピン=アンデルセン）	130
哲学する民主主義（パットナム）	132
比較政治学（サルトーリ）	134
社会科学のリサーチ・デザイン（キング、コヘイン、ヴァーバ）	136
ナショナリティについて（ミラー）	138
多文化時代の市民権（キムリッカ）	140
文明の衝突（ハンチントン）	142
民主主義対民主主義（レイプハルト）	144
グローバル資本主義（ギルピン）	146

V　21世紀の名著

ナショナリズムとは何か（スミス）	148
大国政治の悲劇（ミアシャイマー）	150
比較制度分析に向けて（青木昌彦）	152
ポリティクス・イン・タイム（ピアソン）	154
ソフト・パワー（ナイ）	156
民主政治はなぜ「大統領制化」するのか（ポグントケ、ウェブ）	158
暴力と社会秩序（ノース、ウォリス、ワインガスト）	160
国家はなぜ衰退するのか（アセモグル、ロビンソン）	162
人名索引	164
書名索引	166
編者・執筆者紹介	168

名著で学ぶ 政治学

国家

プラトン Plato, BCE.427-347

Πολιτεία （ギリシア） / *Res publica* （ラテン） / *Republic*（英）

古代ギリシアの哲学者。「哲学：philosophy」の語源「知を愛する」を実践、経験だけでは確かめられない真実（イデア）を重視。師ソクラテスと人々との対話形式による数々の著述は、多くの西欧思想の源流となった。

『国家』
（全2冊、藤沢令夫訳、岩波書店、1979年）

正しい魂のありかたから説き起こす、理想の政治と国のありかた

◇内容

　正義がそれ自体としてもつ価値（正義の善さ）とは、いかなるものなのか。この問題をめぐって哲学者ソクラテスと対話相手たちが議論する対話形式の作品で、プラトンの主著といえる。この問題の背景には、次のような考え方がある。

　人間は、罰を受けずに不正をなすことで利益を得る力や、したい放題できる自由を手にすれば、欲望のおもむくままに不正をはたらき、正義を顧みることはないだろう。そもそも、人間の「自然本性」は欲望にあり、利得を貪る不正こそ自然本性に即しているのであって、「法」が定める正義は、人が不正を受けることで被る害を避けるために結ばれた約束事にすぎないのではないか。プラトンは、本作品のなかでこのような考え方を登場人物たちに語らせ、それと対決すべく、正義そして不正がどのようなものであるかを考察していく。

◇注目点❶ 国家の正義と魂の正義

　正義を探求すべく、登場人物ソクラテスは理想的な正しい国家を言論によって描き出そうとする。まず、「国家における正義」を把握して、それと照合することで個人の「魂における正義」を捉え、そのようにして正義そのものがもつ価値を解明するためである。こうして、国家の正義と魂の正義が密接不可分なものとして探求されることになる。

　では、それぞれの正義はどのようなものか。国家は、「生産者」、「戦士」、そして「政務を司る守護者」という三つの階層からなるとされるが、生産者や戦士が本務ではない政務に手を出すことで、国家は不正なものとなる。そうではなく、三つの階層がそれぞれ自分のことをするのが正しい国家であるという。

　魂における正義もまた、これと同じような仕方で捉えられる。魂の内には「欲望的部分」、「気概的部分」、「理知的部分」という三つの部分があり、それらのそれぞれが自分の本務に専心することで、魂の正義が成立するという。

プラトン『国家』

◇注目点❷ 哲人王の思想と「洞窟の比喩」

　理想国成立のために、たとえば守護者階層には、財産私有の禁止や妻子の共有といった条件が課される。こうした一見、常識外れともとれるようないくつかの条件のなかでも特に重大なのが、哲学者が国を統治する（哲人王）というものである。哲学者が統治するか、統治者が哲学するのでなければ、悪が止むことはないというのである。

　哲学を欠くかぎり、われわれ人間の日常、そして人間が行う政治は、物事の真実から遠く隔たった状態にあるという。それは例えば、洞窟内の囚人が洞窟の壁面に映る影しか見ることができず、洞窟の外の真の世界のことを何一つ知らない、というありさまに等しい。そこで、真に哲学することで、洞窟から抜け出し、究極的には善そのもの（善のイデア）を観取すべきである。

　そして、そうした哲学者が再度、「洞窟（現実政治の世界）」に戻り、善い政治を行うことが求められる。

◇注目点❸ 内なる正しい「国制」とは

　邦題はふつう『国家』と表記されるが、ギリシア語の原題は「国制、市民であること」などを意味する"ポリテイア"（Πολιτεία）で、本作品は『ポリテイア』と表記されることもある。哲学者が統治する国家が最善の「国制」であるとすれば、そこから、「知」を愛する哲学の精神が失われるとき、その国制は劣悪なものとなる。

　本書では、最善の国制から名誉支配制、寡頭制、民主制、僭主独裁制へと変転していく次第が描かれるが、この変転は、その国の人間の性格が「知」への愛から、「名誉」への愛、「富」や「快」への愛へと移り行き、不正なものとなっていくことと連動している。そして、最も不正なものとされるのが僭主独裁制、そして「僭主」（正規の手続きを踏まずに武力などを用いて政権を獲得し、出身が正統でないのに君主を名乗る権力者）となった人間である。

　魂の気概的部分はライオンに、欲望的部分は多頭の複雑怪奇な動物になぞらえられる。僭主に代表される不正な「生」は、これら内なる獣たちに支配された不幸な「生」である。そのような「生」に陥ることなく、魂の内に正しい国制を打ち立てることが求められる。これこそが魂の正義であり、ここに人間の本来あるべきあり方と幸福が見出されるのである。

◇テキスト

　藤沢令夫訳（岩波文庫、1979年、上・下巻／岩波書店『プラトン全集』11、1976年）が標準的で、手に取りやすい文庫もあって便利である。ほかに、山本光雄訳（河出書房新社『世界の大思想』1、1971年、角川書店『プラトン全集』7〜8、1973〜1974年）がある。

（宮崎文典）

政治学

アリストテレス Aristotle, BCE.384-322

Τα Πολιτικά(ギリシア) / *Politica*(ラテン) / *Politics*(英)

古代ギリシアの知識人。プラトンの弟子。当時のあらゆる現象を探求、体系化して論述。業績はイスラーム教圏を経て、キリスト教世界に伝わり、近代の人文・社会・自然、各分野の科学的研究にも大きな影響を与えた。

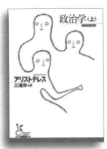
『政治学』
(全2冊、三浦洋訳、光文社、2023年)

目をみはる古代ギリシアの経験知の数々

◇内容

本書は古代ギリシアの政治現象をもとに執筆され、ヨーロッパの政治学の起源と言える古典である。「政治学」のギリシア語を直訳すれば「ポリスに関する事柄」となる。「ポリス」とは一つの都市を中心にして形成された国家のことであり、『政治学』は多様なポリスに関する知識を集積したものである。

◇注目点❶ 望ましい生き方を実現するための政治

本書の方針は（全8巻のうち）第7巻の冒頭で述べられている。「最善の国制について適切な方法で探究を行おうとする者は、人間の最も望ましい生き方とはどのようなものであるかを最初に規定しなければならない。」

望ましい生き方が具体的にどのようなものであるか、という問題については『政治学』の姉妹編とも言える『ニコマコス倫理学』（あるいは『エウデモス倫理学』）で考察されている。望ましい生活とは、知恵や思慮といった知性的な卓越性と、勇気や節制や気前の良さといった倫理的な卓越性を発揮する生活（一言で有徳な生活）だとされる。

対比として望ましくない生活の例としては、軍事国家のように他人や他国を支配することを目指す生き方とか、必要以上に富を重要視して自己の欲求実現だけを追求するような生き方が挙げられる。

そこで『政治学』では人々が有徳な生活を送るために必要な政治のあり方を考察している。さまざまな国の制度のあり方が中心的なトピックであるが、他にも教育の内容、財産の獲得と分配方法などが探究されている。

◇注目点❷ 人間は自然において政治的動物である

本書第1巻では人間と国家が望ましい仕方で発達した状態を「自然」として捉えている。人間が全く介入しない状態ではなく、十分に発展した本来のあり方が人間にとって「自然」のあり方だとされる。人間は、一人では自足できず、さまざまな人々がお互いの特技を発揮して、商品やサービスを交換し合うことによって、集団として自

足することができる。すべての仕事を一人で行うのは非効率であり、例えば、ある人は農業、別の人は医療、また別の人は建築に従事し、分業して専門化した方が文明を高度化できる。したがって相互依存が社会生活の基本であり、そこで価値観を共有することも必要になってくる。

アリストテレスはこのように良い生活の意味内容を共有し、社会として自足する人間を「政治的動物」として表現している。ここで人間に固有の「政治」とは、権力闘争を行う、という意味ではなく、言葉を通じて望ましい生活の意味を共有する、ということである。

◇ 注目点❸ 経験知の集積としての政治学

『政治学』は、実証政治学のように価値観を問わず客観的に政治現象を記述するだけではなく、上記のように「望ましい生活を実現する政治」という理想論を含んでいるが、同時に理想とはほど遠い現実を多く扱っている。なぜなら、第4巻第1章によれば、「国制の研究では、最善の国制についてだけではなく、実現可能な国制についても考えなければならないし、同じ理由により、あらゆる国家にとって、より容易に実現でき、より共有しやすい国制を考えなければならないからである。」

そこで寡頭制や僭主制、そして多数者専制の側面がある民主制の特徴も分析している。アリストテレスは有徳な人に政治的役職を配分する制度を基本的に支持しているが、民主制や寡頭制の要素も混ぜ合わせた混合政体を現実的には望ましい制度として捉えている。また富裕者と貧困者の間で極度の対立があることを望んでおらず、中間階層が多くいるような国家を支持している。

また、古代ギリシアの経験知の蓄積には目をみはるものがある。例えば、第5巻第11章で独裁制国家を維持する方法を記述している。独裁制を維持するためには、共同食事や政治集会や教育などの活動を許してはならない。なぜなら市民がお互いに知り合うと信頼感が生まれ、独裁に対して反抗することが可能になるからである。また通報者や密告者も有益である。そうすれば人々は密告を恐れ、自由に発言できなくなるからである。神殿の建築などを通じて人々を貧しい状態にさせるのも効果的である。なぜなら人々は日々の仕事に忙しくなって陰謀を企むこともできなくなるからである。また独裁者は好んで戦争を作り出す者であり、その狙いは人々を忙しくさせ、絶えず指導者を必要とする状態にすることである。

◇ テキスト

入手し易い邦訳は、三浦洋訳『政治学(上・下)』(光文社古典新訳文庫、2023年)である。本文中ではこの翻訳を使用した。他に、神崎繁・相澤康隆・瀬口昌久訳「政治学」(『アリストテレス全集 第17巻』、岩波書店、2018年)もある。

（稲村一隆）

戦史

トゥキュディデス Thucydides, BCE.460?-395
History of the Peloponnesian War(英)

著者 古代ギリシアの軍人・歴史家。ペロポネソス戦争に従軍し、植民市攻防戦の失敗で失脚、アテナイからの追放も経験。『戦史』に記された同時代の政治家ペリクレスの演説は、長く政治家の必須教養とされた。

『戦史』
(久保正彰訳、中央公論新社〔中公クラシックス〕、2013年)

冷徹に描き出された「力こそが正義」という現実

◇内容

"戦史"とは古代ギリシアで起こったペロポネソス戦争(紀元前431年～404年)の歴史のことで、トゥキュディデス自身はこの書にタイトルをつけていない。たんに"歴史"という題名のときもあるし、"ペロポネソス戦争史"と呼ばれることもある。

◇注目点❶ "最初の科学的歴史家"が描き出すリアルな世界像

この戦争はギリシアの覇権をめぐって、アテナイを盟主とするデロス同盟と、スパルタを中心としたペロポネソス同盟との間で繰り広げられた、当時の世界大戦のようなものであった。トゥキュディデスはその歴史を執筆するにあたって、「個々の事件についての検証は、できうるかぎりの正確さを期しておこなった」と強調するように、厳密に精査した資料に基づき、この時代としては可能な限り実証的かつ客観的な姿勢で戦争の推移を追いかけた。こうしたことからトゥキュディデスは、"最初の科学的歴史家"と称されることもある。

なお、戦争自体は27年間続いたが、著者が世を去ったことから、本書の記述は21年目(紀元前411年)のところで終わっている。たしかに未完ではあるものの、『戦史』で重要なのはたんに戦争の経過や結末を知ることではなく、鋭い洞察力で描き出された生々しい現実と力の論理に触れる点にある。すなわちトゥキュディデスは、アテナイとスパルタの攻防を冷徹な目で克明に記すことを通じて、人間の残酷さや非情さ、そして正義や道徳が通用しない国際社会のリアルな姿を後世に書き残したのである。その結果、この歴史書は現代の国際政治学者らに大きな影響を及ぼすことになる。

◇注目点❷ 力をめぐる闘争こそが国際政治の本質

現代国際政治学、とりわけリアリズムの系統に属するものは、その起源をトゥキュディデスにたどることができる。ただ注意すべきは、トゥキュディデスはあくまで歴史家であり、彼自身がなにか国家間関係や戦争に関する一般法則の探求と理論構築に取り組んだわけではない。

トゥキュディデス『戦史』

そうではなく、『戦史』に記された知見や洞察、あるいは、そこで語られる史実が非常に示唆に富み、現代でもなお多くを学ぶことができるのである。この意味では、(1)開戦原因を究明する箇所、そして、(2)メロス島対談と呼ばれる部分が、よく取り上げられる。

(1)に関して、トゥキュディデスによると、各地の紛争や和約の破棄といった直接的な要因はいくつかあるものの、今回の戦争の「真の原因は、一般に行われている説明によっては捕捉されがたい性質をもつ」。そこで「あえて筆者の考えを述べると、アテナイ人の勢力が拡大し、ラケダイモン人（スパルタ人は自らをこう呼んだ）に恐怖をあたえたので、やむなくラケダイモン人は開戦にふみきった」と分析する。

アテナイの台頭に対するスパルタ側の危惧が、根源的な意味で戦争の引き金になったという見方は、力をめぐる闘争こそが国際政治の本質と捉える現代のリアリストらの世界観とまさに通ずるものである。

もう一方の、(2)メロス島対談とは、アテナイがメロス島に降伏と従属を求めた際、戦闘に先立って両者の間で行われた緊迫したやり取りのことを指す。ここでメロス側は、繰り返し道理や正義に訴えかけ、中立の維持と戦争の回避を懇願する。これに対してアテナイは、圧倒的な武力を背景に強者の論理を振りかざし、あくまで屈服するよう独善的に要求する。結局のところメロス側は属国となることを拒否、交渉は決裂する。これを受けアテナイは島を攻略し、成年男子の全員を処刑、婦女子は奴隷にされてしまう。弱肉強食の世界像、力こそが正義という現実を、トゥキュディデスは冷徹に描き出したのである。

◇テキスト

『戦史』は非常に長く、文章もお世辞にも読みやすいとは言い難い。そもそもこの本は最後まで読み切っても完結していないし、途中で挫折してしまうくらいなら、とりあえずは有名な箇所、重要な部分を多く収めた要約版（中公クラシックス版、久保正彰訳、2013年）から始めてみてはいかがであろうか。そのうえでもし本格的にトゥキュディデスがつむぎだす世界観にひたってみたいというのなら、全訳へと進めばよい。全訳には岩波文庫（全3冊、久保正彰訳、1966-1967年）、ちくま学芸文庫（〔『歴史』〕全2冊、小西晴雄訳、2013年）、京都大学学術出版会（〔『歴史』〕全2冊、藤縄謙三・城江良和訳、2000・2003年）の3種がある。このうち長年読み継がれてきたスタンダードなものは岩波版であるが、訳文に古さが目立つ。ただ慣れてしまえばそれほど問題はなく、結局のところ3つの翻訳にそれほど差はない。

（山崎元泰）

孫子
著者不詳

　本書は、古代中国、春秋時代（紀元前770〜前403年）の武将・孫武の言葉に基づくとされるが、詳細は不詳（下記「内容」参照）。

『新訂 孫子』
（金谷治訳注、岩波書店、2000年）

戦争に伴う不確実性をできる限り減らすことが最も重要

◇内容
　紀元前5世紀から紀元前4世紀頃に、孫武の言葉を編集し、成立したとされる（「孫子」は孫武への敬称）。当時の中国では、さまざまな思想や方法論を持つ人々が、中国各地の君主に自分のアイディアを売り込んでおり、これを「諸子百家」という。戦争・戦略に関するアイディアを売り込んでいた人を「兵家」といい、孫武は最初の兵家の一人である。
　本書は、孫武の言葉や思想をもとに編集されたとみられるが、孫武のみの言葉からなるわけではなく、単独の人の著作ではない（当時の中国の本のほとんどがそうである）。クラウゼヴィッツ『戦争論』（→26ページ）と並び称される戦争についての名著であり、『戦争論』と併読することによって、洋の東西にわたる戦争への思索を知ることができる。

◇注目点❶ 戦略の基本姿勢 ── 計画、準備、主導
　『孫子』は、君主や指揮官に対する指南書として書かれている。クラウゼヴィッツの『戦争論』が、戦争の分析、戦争とはどのような性質を持つものなのかという問題の解明に重きをおいているのに対して、『孫子』は戦争にあたって、君主や指揮官が何を考え、何をすべきなのかという問題に対する方向性を指し示す本である。
　本書がいう戦争への姿勢として、最も重要なことは、「できる限り戦争を避け、やむを得ず戦争になった場合も、できる限り早い終結を図ること、戦争の実行に際しては必ず主導権を確保すること、そのために情報の入手、計画と準備を万全にし、戦争に伴う不確実性をできる限り減らすこと」である（「戦わずして人の兵を屈するは善の善なるものなり」）。
　『孫子』全13篇の章立ては、(1)計篇、(2)作戦篇、(3)謀攻篇、(4)形篇、(5)勢篇、(6)虚実篇、(7)軍争篇、(8)九変篇、(9)行軍篇、(10)地形篇、(11)九地篇、(12)火攻篇、(13)用間篇（「間」は間諜、スパイを指す）である。
　それぞれ、(1)戦争の基本要素、(2)短期戦の必要、(3)戦闘以前に敵を圧倒することの重要性、(4)彼我の態勢の整備、(5)勢いの利用、(6)情報の利用と操作、(7)有利な

位置を占めることの意味、(8)臨機の対応、(9)地形に応じた敵軍の情報把握、(10)地形と自軍の態勢、(11)さまざまな地形の利用、(12)火攻めの方法、(13)スパイの利用などが述べられている。

　本書が語るのはそれらに対する、基本的な態度、考え方であり、具体的な状況に対するマニュアルとして書かれているのではない。むしろ本書は、君主や指揮官が学ぶべきなのは、考え方のレベルであり、実際にどのように適用するかは個々の人物の臨機の判断と経験によってなされなければならないことを含意する。

　『史記』（司馬遷〔紀元前145 − 紀元前86年頃〕）の「孫子呉起列伝」には、孫武と呉王闔閭とのエピソードが挙げられているが、そこで（本書の著者とされていた）孫武は「将軍は、軍中にあってはすべてのことを委任されており、君主の命令であっても聞けないことがある」と言ったとされる。現場を知る者しか臨機の判断はできないのである。『孫子』は、実践にあたって踏むべき道を指し示す本であり、単に知識として読むだけではその価値はわからない。

◇注目点❷ 相互作用としての「戦略」

　『孫子』は、現代において使われている「戦略」つまり、"相手の行動を読んで、自分の行動を決める"という意味での「戦略」を理論化しようとした本でもある。戦争を主な対象としてはいるが、自分と相手との相互作用であるような社会状況であれば、広い範囲に応用がきく。そもそも戦争自体が相手のあるもので、我の努力だけでどうにかなるものではない。

　『孫子』が強調するのは、我の「実」をもって敵の「虚」を衝けということである。「実」とは充実した態勢、「虚」とは充実していない弱点をいう。そのために主導権の確保、先制、奇襲、十分な準備、情報収集、欺瞞等が重視される。これらの手段はすべて敵の意図と状況を確実につかみ、機に乗じて敵の不意を突き、最小限のコストで敵を屈服させるために必要である。すなわち、我と敵の相互作用、我の態勢を万全にして、敵の失着を待つこと、そのためにあらゆる手段を取ることが、『孫子』の不敗を通じて勝利を待つ戦略である（「彼を知り己を知れば百戦して殆からず」）。

　現行のテキストは、三国時代の曹操（155 − 220）が校訂した『魏武注孫子』による。学者ではなく実践の人であった曹操の手により、『孫子』は現在の姿となったのである。

◇テキスト

　複数の訳書があるが、標準的なものとして、『新訂 孫子』（金谷治訳注、岩波文庫、2000年）が簡潔で読みやすい。また、『孫子 新現代語訳』（杉之尾宜生編著、日経ビジネス人文庫、2019年）は、元自衛官（元1等陸佐／元防衛大学校教授）の訳者の見方が興味深い。

（永山博之）

君主論

マキアヴェッリ Niccolò Machiavelliato, 1469-1527
Il Principe（伊）：1532

フィレンツェ共和国（現イタリア中部フィレンツェを中心に栄えた都市国家）の思想家。ルネサンス期の覇者だったメディチ家衰退後、共和国政庁書記官として、外交・軍事で活躍。メディチ家の復活で投獄。釈放後、著述に専念。

『君主論』
（佐々木毅訳、講談社、2004年）

政治を宗教や倫理から独立させた、政治指導論の古典

◇内容

イタリアの政治的混乱を治めるべく、強力な君主が必要なことを説いた著作であり（最初の配布物は1513年頃、印刷物としては没後の1532年刊行）、政治を宗教や倫理から独立させ、近代政治学の基礎となった。政治指導論の古典とされる（全26章）。

本書は決して平易な書物ではないが、その一因は、指導者の支配権力が何に依拠しているかを分けて論じていることにある。世襲の君主制か、できたばかりの君主権（いきょ）かなどの相違に注意を向けながら、読み進まなければならないのだ。

◇注目点❶「慈悲深いために混乱を招く君主より、忠誠を確保する君主が良い」

一般にマキアヴェッリというと権謀術数（けんぼうじゅっすう）が連想されるように、彼の思想は反道徳的な面ばかりが強調されるが、その背後にある理念を見落としてはならない。

「君主たる者は、自分の臣民を結束させ、忠誠を確保するためには、残酷だという汚名を気にかけてはならない。あまりにも慈悲深いために混乱状態を招き、殺戮や略奪を横行させる君主に比べれば、残酷な君主は、極めて少ない処罰をするだけなので、より慈悲深いということになろう。なぜなら前者は〔混乱を生み〕国民全体を傷つけることになるのに対して、後者の場合は、君主の下す処罰を被（こう）るのは一個人だからである」（第17章）。

このような権力観の背後にあるのが、人間についての冷徹な認識である。これが以前の政治学との重要な相違であり、マキアヴェッリの新しい点である。

「君主は臣下や味方の者に対し、どのように振る舞い、統治すべきか。……人は、実際の生き方と、どう生きるべきかということが、はなはだ懸け離れており、人間いかに生きるべきかを重視するあまり、人の生き方の実態を省（かえり）みない者は、自己の存続より、破滅を招くのがおちである。それゆえ君主は、地位を維持しようとするなら、良くない人間になりうることを学び、必要に応じ、そう行動しなければならない」（第15章）。

マキアヴェッリ『君主論』

◇注目点❷ 「キツネの知恵とライオンの力を同時に備えよ」

マキアヴェッリは巧みな喩えで自説を説いた。あまりにも有名な一節を引く。

「君主は野獣の方法を巧みに用いる必要があるが、野獣の中でもキツネとライオンを〔同時に〕範とすべきである。というのは〔単なる〕ライオンは〔策略の〕罠から自らを守れず、キツネは狼から身を守れないからだ。罠を見破るにはキツネでなくてはならず、狼のどぎもを抜くにはライオンでなければならないのだ」(第18章)。

◇注目点❸ 「国防は君主の第一の義務である」

本書のもう一つの大きなテーマは軍事である。

「君主は戦いと軍事上の制度や訓練のことの他に、目的をもったり、他の事に考慮を払ってはならない。……これが為政者の本来たずさわるべき第一の職責である」。

「武力のある者とない者では雲泥の差があり、武力を持つ者が武力を持たない者に喜んで服従したり、武力を持たない者が武力を持つ従者の中で、安閑としていられるなどの考えは、筋が通らない。……君主は決して戦争の訓練を念頭から離してはならない」(第14章)。

そこから次のような軍隊観が出てくる。

「君主が国を守る戦力は、自国軍、傭兵軍、外国支援軍や、これらの混成軍である。このうち傭兵軍と外国支援軍は、役に立たず、危険である。……傭兵は無統制で野心的であり、軍律を欠き、忠誠心を持たない。……敵に対して臆病で……人に対して信義を守らない」(第12章)。

「外国からの支援軍は、傭兵よりも危険である。……〔有能で、〕みな結束しているが、忠実なのは、その本来の君主に対してだからだ」(第13章)。

◇テキスト

長らく生硬な翻訳しかなかったが、池田廉訳(中公文庫、新版2018年)など、多くの新訳が出ている。ここでは、政治学者の佐々木毅訳(講談社学術文庫、2004年)を推す。

ただ、ある入門解説書が"今度こそ読み通せる『君主論』"を謳い文句にしているように、本書の全体をそのまま理解しようとすると、躓きかねない。また、英語からの重訳だが、『すらすら読める新訳 君主論』(関根光宏訳、サンマーク出版、2023年)を併読するのもよい。最初は、政体の相違や君主のタイプなどの議論に、あまり拘らないで読むのも一方法だ。

その意味では、塩野七生『マキアヴェッリ語録』(新潮文庫、1988年)を先に読んでおくのもよい。また分量が多く、迂回的になるが、もう一つの主著『ディスコルシ ローマ史論』(永井三明訳、ちくま学芸文庫、2011年)の方が、マキアヴェッリの思想を早く把握するのに便利かもしれない。急がば回れだ。

(加藤秀治郎)

国家論

ボーダン Jean Bodin, 1530-1596
Les Six Livres de la République (仏)：1576

ジャン・ボーダン(ボダン)

 フランスの法学者、思想家。トゥールーズ大学で法学を修め、パリで高等法院付弁護士となる。神学と（後年の）政治学・経済学・自然科学分野の研究に専念。フランス中央部ブロワの三部会で第三身分（平民。貴族・僧侶に次ぐ）代表。

君主制のもとで「主権」とは何かを明らかにする

◇内容

20世紀ドイツのカール・シュミット（→50ページ）は、16世紀フランスのボーダンのことを"主権国家という概念を明らかにした近代国家の助産者のひとりだ"と、評した。そのボーダンの最もよく知られた著作が、ユグノー戦争（1562～98年。フランスの旧教＝カトリックと、ユグノー〔フランスの新教＝プロテスタント〕が対立した大規模な内乱）の時代に書かれた本書である。特に「主権」に関する章は、今日なお触れられることが多い。

◇注目点❶「主権」とは「絶対的で永続的な国家の権力」である

ボーダンは、「主権」という言葉を定義した法学者や思想家たちは従来いなかったとし、本書ではそれを行うと述べている。ボーダンによれば、「主権」とは「絶対的で永続的な国家の権力」のことで、「最高の命令権」を意味するものであるという。なお、本書のラテン語版では、「主権」のことを「市民および臣民に対する法による制約を受けない最高の権力」だと定義している。

では、「絶対的」であるとはどういうことか。ボーダンは、国民や貴族が、他の誰かに主権を移譲する場合に言及し、財産贈与のことを引き合いに出しながら、「絶対的」であるということの意味を説明した。

まずボーダンは、制約のない財産贈与、つまり何の義務や条件も付けられていない贈与こそが、本物の贈与であると指摘した。そして、主権もまた、何らかの義務や条件が付けられて誰かに移譲されているとすれば、それは「絶対的」な権力とはいえないし、厳密な意味での「主権」でさえないのだという。「絶対的」な権力とは、無制約なもの、無条件なものでなければならないのである。

次に、「永続的」であるとはどういうことか。永続的であるということは、何か一定の期間に限定されたものとは異なる。それゆえボーダンは、「絶対的」な権力が期限付きで誰かに委ねられたとしても、期限が過ぎれば再びただの被支配者に戻るといったケースでは、その権力を担う間でさえも、その人物は主権者ではないという。そ

れは他人の権力の受託者でしかない。

　このようにボーダンは、「絶対的」な権力を担う者を観察し、その権力を担うことができる期間に限定があるかどうかによって、「永続的」かどうかを考えたということになろう。こうした「主権」の概念を打ち立てることで、国王の実力を基礎とした政治秩序を対外的にも対内的にも確立すること、そして、それに正当性を与えることに寄与したのである。

❖注目点❷ 立法の権力などが主権の内容である

　それでは、こうした主権は、具体的にはどのような内容をもつものなのだろうか。ボーダンは、立法権、外交権、官吏任命権、裁判権、課税権などの7つの権能を、その主立ったものとして挙げた。

　このうち、特に彼が重視したのが立法権であった。ボーダンによれば、「最も抜きん出た主権のメルクマール（指標）」は、他の誰の同意もなしに法を制定できるという絶対的な権力にある、という。だから、何らかの組織や国民などの同意がないと法を制定できないとすれば、その人物は主権者だとはいえない。

　ところで、立法権などを内容とする主権は、何ものにも拘束されないものなのか。ボーダンは、そうではないと考えた。すなわち、主権といえども、神の法と自然法とには服する。彼は、例えば法の制定について論じるなかで、古代ギリシアの詩人ピンダロス（紀元前6世紀〜5世紀）に倣って「あらゆる王たちも自然の法には服従させられる」という。また、多くの法学者たちが、神の法に矛盾するようなものの観方を拒否していることに触れ、「絶対的な権力」だといっても「神の法に対する自由」を意味するわけではないとした。

❖注目点❸ 「正当的な君主制」とはどのようなものか

　本書では、ティラン（tyran：専制的な支配者）であっても主権的な存在だ、と書かれている。一方でボーダン自身は、"正しい統治"への関心を本書のなかで示してもいた。

　すなわち、君主が自然法を無視したり、臣下を奴隷のように乱暴に扱ったり、臣下の財産を自分の物だと考えたりしている場合、それは「ティラン的な君主制」と呼ばれるという。他方で、「正当的な君主制」というのもあると指摘した。君主が自然法に従い、臣下の自由や私有財産を持つことを認める場合が、それであるとした。

❖テキスト

　少なくとも入手可能なかたちで全訳された『国家論』は、残念ながら見当たらない。ただし、本書の理解にとって必読の文献として、佐々木毅『主権・抵抗権・寛容──ジャン・ボダンの国家哲学』（岩波書店、1973年）がある。また、古賀敬太編著『政治概念の歴史的展開　第二巻』（晃洋書房、2007年）所収の「主権」（古賀敬太）も参考になる。　　　（荒邦啓介）

II 近代の名著

リヴァイアサン

ホッブズ Thomas Hobbes, 1588-1679

Leviathane:1651

英国の哲学者、政治思想家。オックスフォード大学で学び、キャベンディッシュ伯爵家に出仕。欧州を旅行しガリレイなどから科学的知見をえた。内乱の時代に王党支持側だったが無神論者との批判も受けた。

『リヴァイアサン』
(梅田百合香訳〔抄訳〕、
KADOKAWA、2022年)

平和と防衛を保つために「自然権」の一部は放棄される

◇内容

社会契約説を唱えた著名な学者といえば、ホッブズ、ロック(→16ページ)、ルソー(→20ページ)の3名が挙げられる。彼らは「自然権」(人々が生まれながらにして持っている権利)を守るため、そこに住む人々の間で社会契約が結ばれて国家が樹立されたと考える。ホッブズは、時系列で最も早くに登場しており、本書は、その主著である。

内容は4部構成で、(1)人間とはいかなる生き物なのか、(2)なぜ人々は契約を結んで国家を作るのか、(3)キリスト教国家における主権者の優位性、(4)「神の王国」が現世に存在すると説いた他宗派の国家観の否定、に大別されている。

◇注目点❶ イングランドの政情と執筆の背景

ホッブズが生まれた16世紀後半は、エリザベス1世(1533~1603)による絶対王政が隆盛を極めており、彼女が没した17世紀前半のイギリスでも、後を継いだジェームズ1世(1566-1625)、チャールズ1世(1600-49)の治世によって絶対王政は続いていた。

しかし、王の強権に対し、イングランド議会の多数派となっていた清教徒(ピューリタン)(英国国教会と対立した新教の一派)から反発をうけたため、国王支持(王党)派と、クロムウェル(1599-1658)ら議会勢力との間で内戦が始まり、1649年にはチャールズ1世が処刑され、(国王のいない)イングランド共和国が樹立された。その後、フランスなどに亡命していた王太子のチャールズ(チャールズ2世:1630-1685)がスコットランド王となり、共和国に反旗を翻すものの、クロムウェルに敗北したため、再びフランスに亡命した。

ホッブズも、1640年に『法の原理』(*The Elements of Law*)を発表したことが原因で、イングランド議会から絶対王政の擁護者だと非難されてフランスに亡命していたため、知識人であった彼は、パリでチャールズ2世の家庭教師を務めることになった。

チャールズ2世は、クロムウェル死後に王党派が復権し、1660年イングランド王として即位した。しかし『リヴァイアサン』は、共和国時代の1651年に出版されており、当時の政情やホッブズ自身の微妙な立場を受けたものとなっている。

ホッブズ『リヴァイアサン』

原著の表紙。"リヴァイアサン"を象徴するように、巨大な君主の体は、無数の人民によって、かたちづくられている。

◇注目点❷ 「リヴァイアサン」とは

　リヴァイアサンとは、旧約聖書に出てくる海の神獣(「不死」でない「可死」の神)を指す。ホッブズは、「私たちの平和と防衛が保たれているのは、可死の神のおかげである」として、強大な力を持つ"リヴァイアサン"を国家に見立て、その下で「可死の神」の個性である「主権者」(君主)と「臣民」(人民)の間で社会契約が成立したと考えた。

　ホッブズは、「権力を握る者が不公正を犯すことは真実である」という事実を認めつつも、「すべての臣民が主権者の諸行為の本人」であり、「人が、自分自身を侵害することは不可能である」と、君主の統治に関して臣民は服従すべきであるという君民両者の関係性を示したのである。ちなみに、ホッブズと同年生まれの思想家フィルマーも、「王権神授説」を唱えて絶対君主制を擁護している(→次ページ《ロック》参照)。

◇注目点❸ 人々は「万人の万人に対する闘争」に至る、そして

　本書で著された人間観や「自然状態」(国家が作られる以前の人々の関係)は、先述のロックやルソーのそれとは大きく異なっていた。ホッブズは、人の心の中には「三つの主要な紛争の原因」が内在されているとした。それは「第一は競争心、第二は不信感、第三は名誉欲」であり、自然状態にある人々は、やがて「万人の万人に対する闘争」に至ると考えた。なぜならば、自然状態にある人々は、「自己保存」への欲求から、お互いに自然権を行使し合うことが認められる。そのため、常に相互不信によって「死への恐怖」にさらされ、結果として血で血を洗う争いが生じるからである。

　この状態のままでよいのだろうか。そうではない。人々にはこの状態から脱却して「快適な生活に必要なものに対する欲望」や、快適な生活を「勤労によって獲得しようとする希望」を得ようとする感情が生じる。すなわち「平和に向かわせる諸情念」によって、自然権の放棄に合意して「個人あるいは合議体」に主権を委ねた、——とホッブズは説くのである。ただし、自然権の放棄とは、国家への抵抗権の放棄を意味しており、必ずしも生存権までをも放棄しているわけではない。

◇テキスト

　古くは岩波文庫(水田洋訳、全4巻、1954年)、近年はちくま学芸文庫(加藤節訳、全2巻、2022年)が完訳だが、共に通読には覚悟が必要だ。光文社古典新訳文庫(角田安正訳、2分冊、2014、2018年)は、前半のみの訳で、後半の第3部・第4部は割愛されている。角川選書版(梅田百合香訳、2022年)は抄訳だが、原書の副題(「教会的かつ政治的国家の質料、形相および力」)を重視して後半に手厚く、最終章は全訳。そのうえで「見取り図を提供」するために全47章のうち「二十七章分を取り上げ、原文を抜粋し解説を付し」て、最後まで読み通せるようしており、理解しやすい。まず、梅田訳から手に取ってみることをすすめたい。　（半田英俊）

統治二論

ロック John Locke, 1632-1704

Two Treatises of Government：1689

　英国の思想家。オックスフォード大学に学ぶ。哲学者としては経験論を体系化。政治思想では社会契約説を重んじ、立憲君主制の確立を支持。アメリカの独立宣言、フランス革命にも大きな影響を与えた。

『完訳 統治二論』
（加藤節訳、岩波書店、2010年）

絶対君主制を批判、人民の抵抗権と革命権を唱える

◇内容

　17世紀後半、イギリスが議会政治を基盤とする近代社会へと移行する時期に、神学的立場の根本的な違いから、絶対君主制を擁護する「王権神授説」を徹底的に批判し、正統な政治権力を行使する政治的共同体は、人民の合意（社会契約）により形成されるべきことを論じた。人民の抵抗権や革命権を唱えたことでも知られる政治学史上の比類なき名著であり、屈指の古典。

◇注目点❶ フィルマーの「王権神授説」を徹底的かつ執拗に批判

　本書は、前編「統治について」全11章と、後編「政治的統治について」全19章から成る。
　前編では、神学的立場を全く異にする思想家フィルマー（R.Filmer, 1588-1653）の王権神授説を、徹底的に、かつ短絡的に断定することなく批判する。フィルマーは、いかなる人間も自由には生まれついておらず、神により家父長権を与えられたアダムとその家父長たる後継者が、当然のこととして政治社会を治める専制的な統治権をも与えられたとする。これに対してロックは、次のような批判を展開した。

(1) 神がアダムに与えたのは親として子を養育する権利であり、母親であるイヴにも親として同等の権利を与えており、家父長のみに子を養育する権利を与えたとする言説には同意できない。

(2) また家父長権は、あくまでも子に対する私的な権利であって、継承できる権利ではないし、加えて公的な領域である政治的共同体を治める統治権とは全くの別物であって、両者を峻別すべきである。

　この背景には、アダムとその後継者を絶対的な存在とするフィルマーの立場と、人間は、神の特別な創造物であるものの、互いに平等で自由な存在であるとする、聖書についての根本的な解釈の相違が、その根底にある。ロックは、敬虔なクリスチャン（ピューリタン＝清教徒）であるがゆえに、フィルマーの言説に徹底的かつ執拗に反論したのである。

ロック『統治二論』　　17

◇ 注目点❷ 政治的共同体の形成と統治をめぐる議論

　後編では、周知の人民相互による社会契約の議論が展開される。まず、私的領域とは異なる公的領域を治める政治権力の定義が行われる。

　そこで政治権力とは、「固有権（プロパティ）の調整と維持とのために、死刑、従って、それ以下のあらゆる刑罰を伴う法をつくる権利であり、また、その法を執行し、外国の侵略から政治的共同体を防衛するために共同体の力を行使する権利であって、しかもすべて公共善のためだけにそれを行う権利である」とする。ここで「固有権」とは、人間の理性と勤勉な労働により得られた財産や土地の所有といった「資産」のみならず、「生命」や「自由」をも包摂する特有の概念である。つまり、政治的共同体は、構成員から「公共善」や固有権を守るために政治権力を行使することになる。

　それでは、なぜ人民は、公共善や固有権を守るために政治的共同体を形成するのであろうか。自然状態において、そもそも人間は自由で平等な存在である、とされた。しかしながら、経済社会の進展により、理性を欠いた犯罪人による略奪や、他方では他国から侵略の脅威にさらされることにより、自然状態から戦争状態となることが避けられないとする。そこで人民は、自らの公共善と固有権を守るために、最高の権力である立法権を行使する立法府（議会）を選出し、あわせて立法府で制定された法を執行する執行権と連合権（外交権）に、自らの権限を委ねるとした。ここにおいて公共善と固有権を守るために、人民の信託により政治的共同体が形成されることなる。

◇ 注目点❸ 人民の意思に反する統治に対する抵抗権・革命権

　それでは、ひとたび形成された政治的共同体は、そのまま無条件に継続するのであろうか。否である。突然の事情変更により、神の意志が疎かにされ、人民の意志を反映するべき公共善や固有権が反故にされ、政治的共同体が暴政や圧政に取って代わったとするならば、どうなるか。

　信託者である人民に残された道は、その統治に対する当然の権利としての「抵抗」であり、ひいては統治の主体を変更する「革命」であることにならざるをえない。社会契約の根本を、神の意志に導かれた自由で平等な人民の信託とする以上、堕落した至高の権力は、いかなる形態を取るにせよ、社会に戻ることが必定だからである。

◇ テキスト

　加藤節訳『完訳 統治二論』（岩波文庫、2010年）を用いた。他にもいくつか翻訳書があるが、現時点では最も優れたテキストであると考える。あわせて、同書の訳者・加藤の著書である『ジョン・ロック──神と人間との間』（岩波新書、2018年）も、ロックの全体的な思索と思想の旅を理解するためにも参照されたい。

（桑原英明）

法の精神

モンテスキュー Charles-Louis de Montesquieu, 1689-1755

De l'esprit des lois （仏）：1748

 フランスの思想家。ボルドー大学で学び、伯父モンテスキュー男爵の爵位とボルドー高等法院の公職を継承。風刺小説『ペルシア人の手紙』の成功後はパリと往還。英国を含む欧州各地を見聞したのち、本書を執筆。

『法の精神』
（井上堯裕訳、中央公論新社
〔中公クラシックス〕、2016年）

近代国家の諸制度の確立に影響を与えた"三権分立"の根拠

◇内容

　近代における権力分立論は、ロックが国家権力を「立法権」と「行政権」に切り離す「二権分立論」を、『統治二論』（→前ページ《ロック》を参照）で著し、さらにモンテスキューが二権の分立に加えて「司法権」をも切り離す"三権分立論"を『法の精神』に著したことで確立した。

　刊行後、本書は激しい批判を受ける一方で版を重ね、"三権分立"の思想はアメリカ独立革命（1775〜）やフランス革命（1789〜）を経て、アメリカ合衆国・フランス共和国でも取り入れられ、「日本国憲法」にも採用された。このように本書が説いた"三権分立"は、近代・現代の国家が必要とした制度の確立に大きな影響を与えたのである。

◇注目点❶ ルイ14世の専制的な王政への反発

　モンテスキューは、フランス南西部ボルドー近郊の貴族ズコンダ家で生まれ、シャルル・ルイと名付けられた。伯父モンテスキュー男爵の位を引き継いだため、今もその名で呼ばれる。彼が生きた17世紀後半〜18世紀前半のフランスは、ルイ14世（1638〜1715）の治世と、おおよそ重なる。つまり、ルイ14世が述べたとされる「朕は国家なり」に代表されるように、国王が絶対君主として振るまっていた時代でもあった。

　『法の精神』に先立って、1721年に出版された彼の処女作である『ペルシア人の手紙』は、ルイ14世の親政における失策を風刺した作品で、ベストセラーにもなった。例えば、作中ではペルシア人が目撃した事実として、フランスにおける宗教政策が紹介されている。これは1685年にルイ14世が、ナントの勅令（「王令」とも。先々代の国王アンリ4世が1598年フランス南部ナントでプロテスタント信徒にカトリック信徒と同等の権利を認めた命令）を廃止したことと、その影響について示唆されている。この施策は、フランス国内の宗教的統一が目的であったが、その一方で、経済の一端を担っていたプロテスタント信徒の国外流出へとつながり、フランスの経済・財政の衰退をもたらしたとされる。

　このようなフランスの専制的な王政の問題についての俯瞰から、モンテスキューは"権力分立"の必要性を導き、『法の精神』を執筆・出版したということが想像できる。

◇注目点❷ 3種類の「権力」が存在する意味、権力の「濫用」への警告

　本書は6部構成となっており、"三権分立"への言及は、第2部第11編第6章「イギリスの国制について」に記されている。すなわち国家には、(1)「立法権力」、(2)「万民法に属する事項の執行権力」（彼は外交権を事例に挙げており、併せて「他の執行権力を単に国家の執行権力と呼ぶ」とも述べている）、(3)「公民法に属する事項の執行権力」（「裁判権力」）の、3種類の権力が存在していると述べる。そして、「立法権力と執行権力とが結合されるとき、自由は全く存在しない」こと、「裁判権力が立法権力や執行権力と分離されていなければ、自由はやはり存在しない」ことを唱えている。

　また、この章に先立つ第4章（「自由とはなにかということ」の続き）において、「およそ権力を有する人間がそれを濫用しがちなことは万代不易の経験である。……権力を濫用しえないようにするためには、事物の配置によって、権力が権力を抑止するようにしなければならない」と述べている。これが、「3種類の権力」を「分立」する意義とともに、その運用の必要性についてモンテスキューが強調した"抑制と均衡"である。

　17世紀のイギリスは、清教徒革命（→14ページ《ホッブズ》参照）、名誉革命（→24ページ《バーク》参照）といった諸革命によって、王権を制限する動きが進んでおり、訪英も経験したモンテスキューは、"権力分立"の実践の場としてイギリスの議会政治に注目し、さらに司法権の独立を加えることで国家権力の濫用を防ぐことを企図したのである。

◇注目点❸ "抑制と均衡"を図る"混合政体"への評価

　"三権分立"と"抑制と均衡"が注目されがちだが、本書第6章「イギリスの国制について」では、その章名の通り、モンテスキューがイギリス議会政治を見聞した際に実施されていた"混合政体"（王政と貴族政と民主政の混合）についての考察も重要である。

　すなわち、モンテスキューは「立法権力」と「執行権力」での"抑制と均衡"だけでなく、「立法権力は、貴族の団体にも人民を代表するために選ばれる団体にも委ねられ、両団体はそれぞれ別々に会議と審議をもち、別個の見解や利害をもつ」ことで、立法府内部での"抑制と均衡"を図る"混合政体"が望ましいことを述べている。

　これは、複数の関係性の重視でもあり、そもそも本書の原書刊行時の正式名称が、「法律の精神について、あるいは、法律が政体の構造、習俗、風土、宗教、商業などに対してもつべき関係について」といった意味を備えていたことも、付言しておきたい。

◇テキスト

　完訳は、岩波文庫版（野田良之・稲本洋之助・上原行雄・田中治男・三辺博之・横田地弘の共訳、全3冊、1989年）があり、本稿の引用も同文庫版に依った。ただし、抄訳による中公クラシックス版（井上堯裕訳、中央公論新社、2016年）もあり、まずはこの抄訳版から手に取ってみることをすすめる。

（半田英俊）

社会契約論

ルソー Jean-Jacques Rousseau, 1712 - 1778

Du Contrat Social ou Principes du droit politique(仏):1762

著者 ジュネーヴ(スイス)出身のフランス人思想家、作家。放浪・苦学の末、パリで社会と文明に対する啓蒙的な言論・出版活動を展開。著作は本書のほか『新エロイーズ』『人間不平等起源論』『エミール』など。

『社会契約論／ジュネーヴ草稿』
(中山元訳、光文社、2008年)

近代民主主義と選挙の問題点を論じた必読の古典

◇内容

近代民主主義理論における基礎の一端をなしている、との評価はほぼ定着しているといえ、政治学を志すものとしては必読の書といえる。

◇注目点❶ "社会契約"による自由の実現

「人は自由なものとして生まれたのに、いたるところで鎖(くさり)につながれている」という第一篇第一章の書き出しは、自由な存在であるはずの人間がなぜ不自由な状態に置かれているのかという、ルソー自身の問題意識を端的に表している。そして、ルソーはそれを解決する方法として"社会契約"を唱えている。

ルソーの社会契約とは、「社会のすべての構成員は、みずからと、みずからのすべての権利を、共同体の全体に譲渡する」というものである。これにより各人は皆、すべての構成員に対して自らと自らの権利を譲渡すると同時に、各構成員からも同じ権利を受け取ることになり、社会契約を結ぶ前よりも大きな力を手に入れることにつながる。

ルソーはこの社会契約の要点を、「われわれのすべての人格とすべての力を、一般意志の最高の指導のもとに委ねる。われわれ全員が、それぞれの成員を、全体の不可分(ふかぶん)な一部としてうけとるものである」としている。そして、この契約により設立されるのが「共和国」あるいは「政治体」と呼ばれるものである。さらにルソーは、この「一般意志」に従うことを通じて、自由を実現することができるとしている。

◇注目点❷ 「一般意志」とは何か、「全体意志」、「個別意志」とは何か

では、「一般意志」とは何か。ルソーは「一般意志はつねに正しく、つねに公益を目ざす」とした上で、全体意志と一般意志とが異なることを指摘する。

全体意志は、個別意志の総和であるに過ぎず、あくまで私的利益に基づいたものである。これに対して「一般意志」は、人民に共通の利益を目指すものとされる。続けてルソーは、「これらの個別意志から、[一般意志との違いである]過不足分を相殺(そうさい)すると、差の総和が残るが、これが一般意志である」としている。

つまり、個別意志は各人それぞれ「一般意志」との差があるが、それらの、いわば意見の相違の総和によって問題の所在を正確に認識することができ、人民は自らにとっての真の利益を知ることができる、というものである。

この議論からは、人民がそれぞれ意見を表明することの必要性が読み取れる。むしろルソーは、人々が徒党を組むことについて、「人々が徒党を組み、この部分的な結社が〔政治体という〕大きな結社を犠牲にするときには、こうした結社のそれぞれの意志は、結社の成員にとっては一般意志であろうが、国家にとっては個別意志となる」とし、「一般意志が十分に表明されるためには……それぞれの市民が自分自身の意見だけを表明することが重要」だとしている。

共通の利益としての「一般意志」を実現するためには、結社を通じてではなく人民が直接意見を表明できる仕組みが重要だとする、ルソーの思想がここから見えてくる。

◇注目点❸ 直接民主制が必要である理由

選挙を通じた仕組みの何が問題であるのかについて、ルソーは、「一般意志は決して代表されるものではない」ため、必然的に選挙により選ばれる「人民の代議士」は、「一般意志」を代表するものではないとする。「イギリスの人民はみずからを自由だと思っているが……自由なのは、議会の議員を選挙するあいだだけであり、議員の選挙が終わば人民はもはや奴隷」であるとの指摘は、250年以上経た今日にあって、イギリスでもイギリス以外でも、選挙制度が定着したあらゆる国にとって重要な箇所である。

そして、「一般意志とは、国家のすべての構成員の不変の意志であり、この一般意志によってこそ、彼は市民であり、自由なのである」というルソーの言葉は、国家の構成員が自ら、自分の意見を表明すること、すなわち直接民主制を通じてこそ、「一般意志」が明らかとなり、その「一般意志」に従うことで、人間は自由になると指摘したものである。

◇注目点❹ 民主主義の基礎か、全体主義の基礎か

本書は、民主主義の基礎をなすものである一方、全体主義の理論的支柱との批判も受けてきた。それは、「一般意志」にすべての人民が従うことを求める観念からすると必然的なものであり、ルソーの没後約10年を経て始まるフランス革命期における独裁（反対派を許さない恐怖政治）との関連を否定することもしがたい。ただしルソーは、自由のために国民すべてによる政治参加の必要性を唱え、それが民主主義に一つの理論的価値を与えたことも事実といえよう。

◇テキスト

光文社古典新訳文庫の『社会契約論／ジュネーヴ草稿』（中山元訳、2008年）が読みやすく、併録された（本論の初稿に当たる）「ジュネーヴ草稿」も参考になる。長く読まれてきたのは、岩波文庫版『社会契約論』（桑原武夫・前川貞次郎訳、1954年）。　　（真下英二）

ザ・フェデラリスト

ハミルトン Alexander Hamilton, 1755-1804
マディソン James Madison, 1751-1836
ジェイ John Jay, 1745-1829

The Federalist Papers :1788

 3人は米国建国時代の実力者（初代財務長官／第4代大統領／初代連邦最高裁判所長官）で、本書は共同作品。一心同体ではなく、内容に矛盾も指摘されるが、連邦憲法草案の擁護では、思想的に全く一致していた。

『ザ・フェデラリスト』
（斎藤眞・中野勝郎訳、
岩波書店、1999年）

代議制の積極的論拠の提示を試みたアメリカ政治思想の古典

◇内容

　アメリカ独立宣言（1767年）、独立戦争（1775～83年）を経て、1787年に起草された連邦憲法草案を擁護し、反対論に反駁して世論の支持を得るべく、新聞に発表された85篇の論文。代議制につき、直接民主制が不可能だからとの消極的論拠ではなく、積極的に主張。また、政治に活動力を確保するものとして大統領制を主張した。当時「フェデラリスト」とは連邦制の中央政府を強化する論者のことであり、州の権限維持を唱える「反連邦派」に対して、この3人は連邦の権限を強力にすべきと主張した。

◇注目点❶ 代議制により政治的見解は洗練され、真の利益が実現される

　代議制については一般に、直接民主制が実現不可能だからという理由など、消極的に擁護されるにとどまる見解が多いが、本書では積極的な理由の提示が試みられている（マディソン執筆の第10篇）。

　「直接民主制（pure democracy）は、党派（faction）のもたらす弊害に対して、何ら矯正策をとる余地がない」。

　それに対して「代表という制度を持つ統治機構」はどうか。

　それを「私」（マディソン）は共和政（Republic）と呼ぶのだが、共和政では「公衆の意見は、選挙された市民たちの手を経ることで洗練され、かつ視野が広げられる。代表者は、その賢明さのゆえに自国の真の利益を最も良く認識しうるのであり、また、その愛国心と正義心のゆえに、一時的、偏狭な考えから、自国の真の利益を犠牲にする可能性が最も少ないとみられるのである」。

◇注目点❷ 政府の活動力と安定性をうまく調和させる大統領制を構想しよう

　アメリカはどのような観点から大統領制を採用したのか。本書の第37篇（マディソン執筆）などにそれが窺える。

合衆国憲法制定のために設けられた「憲法会議で直面した困難のなかでも、特に重要であったのは、自由と共和政体〔間接民主制〕を十二分に尊重しつつ、いかにして政府に安定性と活動力（energy）を確保するか、という点にあった」。

「それが決して容易に成就できるものでないことは……誰も否定できないだろう。政府が活動力をもつということは、外国からの危険、国内の危険に対する安全（保障）にとって不可欠であり、およそ良い政府なら当然もつべき迅速・有効な法律の執行にとっても不可欠である。……良い政府にとっての不可欠の要素と、自由の死活的な原則とを比較考量するとき、それらをしかるべき割合で融合するのがいかに難しいか、認めざるをえない」。

「政府の活動力という見地からいえば、権力の座にある者はかなりの期間交代しないでいること、しかも権力を行使する者は一人であることが望ましいのである」。

◇注目点❸ 垂直的な権力分立で二重の保障を設ける

権力分立についてマディソン（第51篇）はどう主張していたか？

立法・司法・行政のような水平的な権力分立に加え、連邦制を採ることで、連邦と州の間の権力分立で、二重に権力をチェックできるというのである。

「（アメリカの）連邦制はたいへん興味深いものである。……単一の共和国にあっては、人民が委譲した権力はすべて、単一の政府の運営に委ねられる。そして、権力侵害に対しては、政府を、明確に区別された政府各部門に分割することによって対抗する」。

「これに対して、アメリカのように複合的な〔連邦制の〕共和国にあっては、人民によって移譲された権力は、まず二つの異なった政府〔中央政府と州政府〕に分割される。そのうえで、各政府に分割された権力が、さらに明確に区別された政府各部門に分割される。したがって、人民の権利に対しては、二重の保障が設けられているわけである」。

◇テキスト

A・ハミルトン、J・ジェイ、J・マディソン 著『ザ・フェデラリスト』（斎藤眞・中野勝郎訳、岩波文庫、1999年／本稿での引用はおおむね同書によるが、訳文の一部は改めている）。

本訳書には全85篇のうち31篇が収められている。他に全訳（斎藤眞・武則忠見訳、福村出版、初版1991年／新装版1998年）があるが、論文集と考えてよい書物であり、重要論文は文庫版に収められているので、特に必要な人のみ全訳に進めばよいだろう。

（加藤秀治郎）

フランス革命についての省察

バーク　Edmund Burke, 1729-1797
Reflections on the Revolution in France : 1790

著者　ダブリン(スコットランド)出身の政治思想家、政治家。ロンドンで文筆家として出発。英国議会下院議員となり、30年近くホイッグ党(後の自由党)議員として活躍。著作は英米を中心に広く読まれた。

『フランス革命についての省察』
(二木麻里訳、光文社、2020年)

革命を激しく批判した保守主義の聖典

◇内容

　1789年7月14日に起きた民衆によるパリのバスティーユ監獄の襲撃をきっかけに、フランス革命が始まった。バークと面識があり、かねてよりバークを自由の闘士として敬愛していたフランス人青年ドゥポンから、この革命を論じてほしいとの依頼を受けて、バークが執筆したのが本書である。ドゥポンは革命の擁護論を期待していたが、バークが書いたのは、期待とは裏腹に、後に保守主義の聖典となる激烈な革命批判の書であった。

◇注目点❶　フランス革命とイングランドの名誉革命はまったく別物

　バークの母国イングランド(イギリス)でも、フランス革命を自国の名誉革命(1688年、議会が英国王ジェームズ2世を追放し、オランダからジェームズの娘メアリー〔2世〕とその夫・オランダ総督ウィリアム〔3世/ウィレム3世〕を迎えて新国王としたこと)の継承発展と理解し、「民によって選ばれたのでなければ国王陛下は王冠に値せず、合法的な王ではない」と説くプライス牧師のような人が人気を博していた。しかし、バークに言わせれば、名誉革命のポイントは、王政を廃棄する自由があったにもかかわらず、国民が「そんな不遜な改変を実行することが自分たちの任務だとは考え」なかったところにある。

　つまり、イングランド国民が、「極端な緊急事態のときであっても、変更するのは問題のあるところだけに」止めたことが重要なのである。これとはまったく異なり、フランス革命は、「社会の基本的な要素から新しい社会秩序を作り出してしまう」ことを目指した社会の全面的な解体と再構築の試みだった。

◇注目点❷　「理性」よりも「伝統」に拠り頼むべし

　では、なぜバークは、全面的な社会秩序の作り直しを、批判するのだろうか。それは、人間が持っている理性の能力には大きな限界があり、複雑な社会をトータルに把握することなど不可能だからである。にもかかわらず、そうした企てに乗り出そうとするフランスの議員たちは、「それを実行し得るというような組織には、いったいどれほどの頭脳と精神と器量があればふさわしいといえる」のかをわきまえていないのである。

バークは、個々人の理性より、それぞれの社会に蓄えられている伝統や慣習に依拠することの方が賢明だと主張する。なぜなら、伝統や慣習は、時間の淘汰圧に耐えて生き残ってきた先人たちの無数の試行錯誤の結晶だからである。バークは、「先入観」という通常はマイナスの意味で使われる言葉をあえて用いて、こう述べている。「わたしたちは……自分たちの古くからの先入観を……心からたいせつにするのです。人が自分の理性だけをたよりに暮らし、それで取引するようなことをわたしたちは恐れています。……わたしの国の思想家の多くはこうした一般的な先入観を否定せず、先入観の中に生きている潜在的な叡知を掘り出すために知恵をめぐらせます」。

◇注目点❸ 民主制の危うさ

国王の地位を民による選びに基礎づけることを批判していることからも窺えるように、バークは、純粋な民主制の危うさを厳しく指摘している。というのも、「民主制で激しい分裂が広まる場合（民主制ではつねにそうならざるを得ないのですが）、市民の多数派は少数派に対してきわめて残酷な抑圧をおこない得る」からである。

また、民主制には、権力を制御する最大の要素である「名誉と名声を重んじる感覚」も欠けている。「権力を乱用する人数が多ければ、それに反比例して世論の作用の大きさも小さくなるから」である。かくてバークは、「完全な民主制は、世界で最も恥知らずな体制で、最も恐れを知らない体制」であると断じるのである。

◇注目点❹ 「保守」は「反動」でも「復古」でもない

バークの掲げる保守主義は、「何も変えるべきではない」と主張する「反動主義」でも、「過去の理想状態に復帰すべし」と主張する「復古主義」でもないことに注意しておく必要がある。優れた歴史的建造物を後世に残すためには、何も手を加えないのではなく、絶えざる補修工事が必要であるように、大切なものを保存するためには、時代に合わせた改良が必須なのである。

だから、バークは政治家の資質について次のように述べる。「良き愛国者、良き政治家は、すでに自国にある素材をできるだけ活用しようといつも検討するものです。良き政治家は、改善する能力と保存する傾向を両方もっているものだとわたしは考えています」。

◇テキスト

抄訳を入れれば、邦訳はかなりの数に上る。推奨されるべき翻訳として、光文社古典新訳文庫（二木麻里訳、2020年）と、みすず書房版（『フランス革命の省察〔新装版〕』半澤孝麿訳、1997年）を挙げておく。本稿の引用には、光文社版を用いた。

（有賀 誠）

戦争論

クラウゼヴィッツ Carl Philipp Gottlieb von Clausewitz, 1780-1831

Vom Kriege（独）：1832

プロイセン（ドイツ）の軍人。ナポレオン戦争を体験。没後に刊行された遺稿『戦争論』で、戦略・戦術に留まらず戦争の本質まで論じた。特に政治と戦争の関係についての考察で知られる。

『縮訳版 戦争論』
（加藤秀治郎訳、日本経済新聞出版、2020年）。

「戦争」とは、異なる手段をもって継続される「政治」である

◇**内容**

　戦争の戦略・戦術を論じた書物は多いが、戦争の本質を考察した書物は少なく、本書はその代表的古典。戦争に「関心をもつ者なら、おそらく一度ならず手にする書物を著わすつもり」と書いているが、その意図がかない、古典の地位を占めている。

◇**注目点❶「政治」が消滅して「戦争」になるのではない**

　戦争と政治の関係が重視され、手段こそ政治とは異なるものの、政治的な目的に沿ったものが戦争であるべきだとの立場が貫かれている。「戦争とは、異なる手段をもって継続される政治に他ならない」という命題にそれが集約されている。

　相手に自分の意志を強要して、政治的目的の実現を図ることが戦争だというのであり、決闘に喩えられている。「戦争の本質的要素は、二者の決闘という点から考えるとよい。いかなる決闘者も互いに物理的な力をふるい、完全に自分の意志を押しつけようとする。敵を打ち負かし、後の抵抗を不可能とすることが、当面の目的である。戦争は自分の意志を敵に強要する力の行使である」。

◇**注目点❷ 戦争の「二重の性質」と「三つの相互作用」**

　『戦争論』はドイツ語の原書でも難解な部分があり、長らく良い翻訳に恵まれないこともあって、誤解も多く、解釈は大きく分かれてきた。当初は、「殲滅戦争」の不可避性を説いた書物とする解釈が強かったが、その後、大きく修正されてきた。

　「絶対戦争」と「現実の戦争」という言葉で説明されているが、殲滅戦争に近い「絶対戦争」は、理論上、純粋なもので、ウェーバー（→40ページ）のいう理念型に近いものである。「現実の戦争」はそれに近いものから、遠いものまで多様だと説かれている、との解釈が今日では主流になっている。

　著者の急逝で『戦争論』は未完のまま残されたが、見直しの方針を述べた「覚え書」にはこうある。

「戦争には二重の性質がある。……一方は、敵の打倒を目的とする場合に、戦争が帯びる性質である。敵を政治的に撃滅するか、単に無抵抗ならしめ、欲するままに講和を強制するものかは問わない。他方は、単に敵国の国境付近で幾ばくかの領土を手に入れるのを目的とする場合に帯びる性質である。……一方の性質から他方に代わることもあるが、二つの性質の戦争では企図が大きく異なる」。

そして戦争は、次の三つの相互作用でエスカレートしたり、逆になったり、変化するのであり、「カメレオン」のように変化すると表現されている。

(1)「戦争は力の行為であり、その行使には限界がない。一方の力は他方の力を呼び起こし、相互作用が生じ、それは理論上、極度に達するまで達せざるをえない。これが戦争に見られる第一の相互作用であり、第一の無限界性である」。

(2)「敵を粉砕してしまわないことには、敵がわが方を粉砕するのではないかと、常に恐れていなくてはならず、そこから自制がきかない状態となる。……ここに第二の相互作用が生じ、第二の無限界性が生み出される」。

(3)「敵の抵抗力をある程度、正確に知りえたなら、こちらの努力の程度を調整できる。敵を圧倒するほどの力を傾注するか、あるいはそれだけの余力がない場合、可能な範囲で強化する。だが、敵も同じことをするから……必然的に極限に向かうこととなる。これが第三の相互作用であり、第三の無限界性である」。

◇注目点❸ 戦争の目的は政府・内閣が決め、軍はその下で軍事活動を展開する

「軍事の計画は、純粋に軍事的な判断に委ねられるべきだ、との考えは許せないもので、有害である。……戦争は非常に複雑になっているが、それにもかかわらず、戦争の大方針は常に内閣によって決められてきた。つまり、軍務当局でなく、内閣がそれを決めてきた。……これはまったく事物の性質に合致している」。

また、「戦争を政治の意図に完全に合致させ、また、政治がその手段たる戦争に無理な要求を押し付けたりしてはならないとしたら、どうすべきか」と問い、こう述べている。

「政治家と軍人が同一人の内に体現」されているのが理想だが、そうでないなら「採るべき手段はただ一つしかない。最高司令官を内閣の一員に加えるほかない。それによって内閣は、司令官の最も重要な決定に関与することができる」。

◇テキスト

邦訳は多いが、分量と読み易さから、加藤秀治郎編訳『縮訳版 戦争論』をすすめる。3分の1ほどの抄訳だが、主要部分が収められ、通読に適する。必要のある人のみ全訳に進めばよい。岩波文庫（篠田英雄訳、1968年、全3冊）、中公文庫（清水多吉訳、2001年、全2冊）に、近く加藤訳の全訳（『縮訳版』と同じく日本経済新聞出版版）が加わる。

（加藤秀治郎）

II 近代の名著

アメリカのデモクラシー

トクヴィル Alexis-Charles-Henri Clérel, comte de Tocqueville, 1805-1859

De la démocratie en Amérique (仏):1835, 1840

フランスの政治思想家、法律家。ノルマンディー地方の貴族出身。一族はルイ16世に出仕。復古王政には批判的で、1848年「二月革命」時には、革命政府の議員に選出。訪米後に、英国人平民女性と結婚。

『アメリカのデモクラシー』
(全4冊、松本礼二訳、岩波書店、2005〜08年)。

デモクラシーの危険性を回避するための鍵とは何か

◇内容

18世紀末のフランス革命、19世紀前半のナポレオンの隆盛と没落を経た後の王政復古期という新旧が入り混じる緊張感に満ちた時代に活躍した貴族出身の思想家トクヴィルは、デモクラシーの進展を、もはや押しとどめえないものと考える一方で、それが持つ危険性をも見て取った。ところが、デモクラシーの先進国アメリカ(合衆国の正式な独立は1783年でフランス革命より6年早い)は、不思議なことに、そうした危険性を巧みに回避することに成功している。親友のボーモンと共に、1831年から約9カ月アメリカを旅したトクヴィルは、その秘密を解く鍵を豊かな中間団体の存在に見出し、本書を執筆したのである。このトクヴィルの発見は、政治学の貴重な遺産としてパットナム(→132ページ)らが展開する現代の「ソーシャル・キャピタル論」に引き継がれている。

◇注目点❶ デモクラシーは、平等化を推進し、個人主義をもたらす

本書は、「合衆国に滞在中、注意を惹かれた新奇な事物の中でも、境遇の平等ほど私の目を驚かせたものはなかった」という一文で始まる。トクヴィルの見るところ、「平等は世界にとてもよいものをもたらす」が、また大きな危険ももたらす。平等は「人間を互いに孤立させ、誰もが自分のことしか考えないようにさせる」のである。

「貴族制はすべての市民を、下は農民から上は国王に至る一つの長い鎖に結び合わせたが、デモクラシーはその鎖を壊し、環を一つ一つばらばらに」して、個人主義を生み出す。

◇注目点❷ デモクラシーは、多数の全能をもたらす

また、デモクラシーにおいては、多数の力が絶対的なものとなる。なぜなら、「民主政体にあっては、多数の外に抵抗するものは何もないからである」。

多数の力は、意思決定において多数決が用いられるということによるが、それだけではない。多数者は精神的な権威によっても支配するのである。平等原理は知性にも適用され、「一人の人間より多くの人間が集まった方が知識も知恵も」あるとされる。

「かつて君侯たちは暴力をいわば物質的に行使した」。これに対して、デモクラシー

においては、暴政は「肉体を放置して魂に直進する」。こうして多数者は、神のみが持ちうるはずの全能を手にすることになる。

◇ 注目点❸ デモクラシーは、柔らかな専制政治に陥りやすい

多数が全能である一方で、一人一人は孤立しており、無力である。ここからどのような問題が生じるだろうか。トクヴィルが指摘するのは、柔らかな専制政治が出現する危険性である。というのも、「彼（孤立した一人）は自らの弱さのために他人の援けを得る必要を感じる。だが周囲の同等者はみな無力で冷淡なので、誰からも助力を期待できない。これが極端になると、彼は当然のことながら万人が小さくなる中で一人聳え立つあの巨大な存在に視線を向ける」からである。

トクヴィルは次のような事態を想像している。「私の目に浮かぶのは、数え切れないほど多くの似通って平等な人々が矮小で俗っぽい快楽を胸いっぱいに想い描き、これを得ようと休みなく動きまわる光景である。誰もがひきこもり、他のすべての人々の運命にほとんど関わりをもたない。……この人々の上には一つの後見的権力が聳え立ち、それだけが彼らの享楽を保障し、生活の面倒をみる任に当たる。その権力は絶対的で事細かく、几帳面で用意周到、そして穏やかである」。

かくて、一方には巨大な行政機構を備えた後見的国家が出現し、他方には「考える煩わしさと生きる苦労」を放棄した市民が残されると言うのである。

◇ 注目点❹ 防波堤としての中間団体

デモクラシーには、このような難点があるのだが、「アメリカ人は自由によって平等が生ぜしめる個人主義と闘い、これに打ち克」つことに成功している。彼らは「国土の各部分に政治の場をつくり、市民が一緒に行動し、相互の依存を日々意識させる機会を限りなく増や」したのである。「アメリカ人は年齢、境遇、考え方の如何を問わず、誰もが絶えず団体をつくる」。これら無数の中間団体が、ともすれば私的生活に閉じこもりがちな個人を、そこから引っ張り出す役割をはたす。

中間団体が小さな事業の運営を担うことで、「市民の関心を公共の利益に向け、その実現のためには相互の絶えざる協力が必要であること」の理解が可能になっているのである。

◇ テキスト

推奨したい邦訳は、岩波文庫（松本礼二訳、岩波書店、2005～2008年、全4冊）であり、本稿の引用もそこから採った。ただし大部の著作であり、ハードルは高いので、まず重要箇所を抄訳した中公クラシックス版『アメリカにおけるデモクラシーについて』（岩永健吉郎訳、中央公論新社、2015年）から取り組むのが良いかもしれない。

（有賀 誠）

共産党宣言

マルクス Karl Marx, 1818-1883
エンゲルス Friedrich Engels, 1820-1895

Manifest der Kommunistischen Partei (独):1848

 [K.M.]プロイセン王国(現ドイツ)出身の哲学者、経済学者。英国を中心に言論活動を展開。
[F.E.]プロイセン王国(現ドイツ)出身の社会思想家、ジャーナリスト、革命運動指導者。
マルクスの主著『資本論』第1部は生前に、第2・第3部は没後にエンゲルスが編集・刊行。

『共産党宣言』
(大内兵衛・向坂逸郎訳、岩波書店、1951年)

20世紀のほとんどの政治変動に影響をおよぼした

◇内容

共産主義(マルクス主義)を興した、マルクスとエンゲルスの記念碑的著作。20世紀の政治変動のほとんどに、本書の影響があると言っても過言ではない。

主旨は、タイトル通り、「共産党＝共産主義者の組織」がどのような考えに立ち、何を目指すのかを明らかにしたものである。本書は短い紙数で、マルクスとエンゲルスの思想の核心部分をわかりやすく説明している。その具体的な内容は、「史的唯物論」と「階級闘争論」である。

◇注目点❶　「史的唯物論」とはなにか

マルクスとエンゲルスは、現在の資本主義社会が歴史的にできたものであり、古代から現在まで、社会変化の原理は不変であると考える。この考え方が「史的唯物論」である。彼らは、社会の基本的なあり方を決めるのは、時代の基本的な技術水準等に基づく生産力が生み出す「生産関係」(誰が生産財を所有し、誰がその利益を得るのかを決める関係性)であるとする。

生産関係は、歴史以前の原始的時代(原始共産制)、古代、中世、近代と変化してきたが、近代の生産関係が資本主義である。資本主義は、中世(封建制)に存在した身分的その他の拘束を廃棄した「自由な」体制であり、資本(生産財＝カネ、土地他)を所有する者＝資本家が、資本を持たない者＝労働者を雇用して、生産を行う。

この資本主義のもとでは、労働者には生きていくために必要な最低限度の賃金しか支払われない。生産によって生じた利益はみな資本を所有する資本家のものとなる。資本主義は、「自由な」生産活動を許すことによって、生産力を極限まで利用できる生産関係だが、一方で労働者は、資本主義の下でどんどん貧しくなる。社会全体としては多くの富が生み出されているのに、社会の大多数を占める労働者は貧しくなる一方である。この傾向が進めば、労働者による"根本的な社会変革＝革命"が起こり、資本主義自体が打倒され、"新しい生産関係＝共産主義"が出現する。

これが、マルクスとエンゲルスの思想の核心なのである。

◇ 注目点❷ 「階級闘争論」とは何か

史的唯物論の立場を取ると、社会を動かす基本的な力は、常に生産関係をめぐる"持てる者"と"持たざる者"の対立になる。社会の基本的動因をこのように見る立場を「階級闘争論」（階級闘争史観）という。本書の第一章は、「これまでの社会のすべての歴史は階級闘争の歴史である」という文で始まる。"所有する者の集団＝所有者階級"と"所有しない者の集団＝非所有階級"の戦いの歴史が人間の歴史であると考えているのである。

"所有しない者"にとっては、選挙による民主制は意味がない。当時の（現在でも同じ）代議制民主主義は、"所有する者＝ブルジョワジー"が権力を独占するため、自らの利益を政治的に貫徹するために作り出したものであり、そうした制度を利用して"所有しない者＝プロレタリアート（労働者階級）"が自らの利益を実現できると考えるのは幻想である。革命によって現在の社会秩序を根本的に変革しなければ、プロレタリアートの社会は実現できないというのが彼らの基本的な主張であった。

本書は「共産党宣言」であって、「社会党宣言」ではない。その理由も本書に書かれている。史的唯物論と階級闘争論を基礎とする、最も急進的＝根本的な思想の立場表明として、本書は書かれているのである。たとえば「社会主義者」「社会（民主）党」といった名称は、19世紀のヨーロッパ各国で、穏健な社会改革を志向する人々（キリスト教社会主義等を含む）も使っていたので、自分たちの路線を明確にするために、あえて「共産党」を名乗ったのである。

◇ 注目点❸ 「科学」を名乗った革命の影響

本書は、共産党、共産主義運動（革命による社会の根本的転換を主張する急進的党派）の基礎を築いたが、本書の意義は、社会発展を分析する学問は「科学」であり、これ以外の考え方は誤っていること、共産主義以外の社会変革に対する考え方はすべて誤っていることを雄弁に述べた点である。この結果、特に相対的に遅れた国、発展途上国では、本書の影響力は大きかった。20世紀が革命と戦争の世紀になった理由は、ここにある。

◇ テキスト

多数の邦訳があるが、よく読まれている岩波文庫版『共産党宣言』（大内兵衛・向坂逸郎訳、1951年）が標準。これ以外だと、平凡社ライブラリー版『共産主義者宣言』（金塚貞文訳、柄谷行人付論、2012年）は興味深い。

（永山博之）

II 近代の名著

自由論

J.S. ミル John Stuart Mill, 1806-1873
On Liberty：1859

著者 英国の哲学者・経済学者。歴史家・哲学者だった父ジェームズから英才教育を受け、十代前半でギリシア語、ラテン語、高等数学を習得。東インド会社に勤務。自由主義、功利主義の立場から、多くの著述を残した。

『自由論』
(関口正司訳、岩波書店、2020年)

権力による干渉を正し、個人の自由と多様性を評価

◇ **内容**

ミルは、父親とも交友があった思想家ベンサム(J.Bentham,1748-1832)の功利主義を、量的な幸福追求だとしてこれに修正を加え、人間の幸福追求のために必要な要素としての「自由」に着目する。自由主義の形成を語る上では欠かすことのできない一冊である。

◇ **注目点❶ 権力の限界としての「危害原理」**

ミルはまず、本書が出版された19世紀半ばにおいては、「政治的支配者の専制」からの保護という意味での自由は、「選挙で選ばれる期間限定の支配者」を通じて獲得されるものと見なされていたとする。しかし、ミルは同時に、民主制が「多数者の専制」をもたらしうるものとして警鐘を鳴らす。したがって「個人の独立」に対する集団の意見が干渉する限界を見出し、多数者の専制から自由を守る必要性があるとした。

では、どこまでがその「限界」であるのか。ミルによれば「誰の行為の自由に対してであれ、個人あるいは集団として干渉する場合、その唯一正当な目的は自己防衛」であり、「文明社会のどの成員に対してであれ、本人の意向に反して権力を行使しても正当でありうるのは、他の人々への危害を防止するという目的の場合だけである」。

この「危害原理」と呼ばれる原則は、ときに「他人に迷惑をかけなければ何をしてもかまわない」といった趣旨で紹介されることもある。しかし正確には、上記のように「権力が干渉することができるのは、その行為が他者に危害を及ぼす場合のみ」という意味であり、個人の自由が守られるとするならば、どの水準までであるのかを示したものといえる。

◇ **注目点❷ 「自由」はどこまで認められるのか**

もう一つ問題となるのは、個人の自由の範囲である。ミルは、いわば私的領域と公的領域とを区分した上で、この「私的領域」に該当する箇所が、「人間の自由にふさわしい領域である」とした。

さらにミルは、その領域を構成するものとして (1)「意識という内面の世界」における良心の自由（思想と感情の自由）、(2)「何を好み何を目的にして生きるのかという点での自由」（嗜好の自由）、(3)「個人どうしが結びつく自由」（団結の自由）、——以上の三つがあると指摘し、これこそが「私的領域」に属する自由として、守られなければならないものと位置づけている。

◇注目点❸ 思想と討論の自由がなぜ重要なのか

民主制の下では、多数派の意見があたかも真理と見なされ、少数者を抑圧するという「多数者の暴虐」が生じうる。これを防ぐためにミルが強調するのが「思想と討論の自由」である。ミルはこれを重視しなければならない理由として、以下の四点を挙げる。

(a) 抑圧された意見が真理であるかもしれない、(b) 抑圧された意見の中に真理が包含されているかも知れない、(c) 正しいとされる意見への抗議を封殺することで、なぜその意見が正しいと言えるのかについて、その合理的根拠を理解しまた実感できなくなる、(d) 正しいとされる意見が絶対的なものとなると、理性や個人的経験から生じる確信を妨げることになる、——というものである。

こうしたミルの主張は、意見を抑圧することが社会の発展を妨げうることを表したものである。逆にいえばミルは、思想・討論の自由の保障が社会の発展につながると指摘したのである。

◇注目点❹ 「個性」の重視

これらの視点から、ミルは個人の内面における「個性」を重視する。他者によって抑圧されることなく自らの個性を伸長させることができれば、社会の中でさまざまな考え方が生まれ、実践され、ひいては人間の幸福を実現し、個人や社会の進歩につながるのである。「多様性は害悪ではなくむしろ善」であり、「人類が不完全なあいだは、異なった意見が存在することが有益」であり、「他人に危害がおよばない限りで性格の多様性に自由な余地が与えられ、自分で試みることがふさわしいと思うときには、異なった生き方の価値を実際に確かめてみることも有益である」。

このような、多様性を前提として社会の発展を目指すミルの思想は、現代社会にも通用するものであるといえる。このようにミルは、他者への危害とならない限りは個人の自由を擁護することを前提とし、それをもとに幸福を追求することで社会全体が発展するという、自由主義の議論を展開したのである。

◇テキスト

岩波文庫版『自由論』（関口正司訳、岩波書店、2020年）、光文社古典新訳文庫版『自由論』（斉藤悦則訳、光文社、2012年）。

(真下英二)

文明論之概略

福澤諭吉 Fukuzawa Yukichi, 1835-1901

明治8(1875)年

 日本の思想家、教育者。出生は現・大阪市（中津藩〔大分県〕・蔵屋敷内）。父没後、中津に移り苦学して長崎に留学、その後大坂で緒方洪庵に蘭学を学ぶ。江戸で英語の必要を知り独学。幕府使節団に加わり欧米を見聞。慶應義塾の創設者。

『文明論之概略』
（戸沢行夫編、慶應義塾大学出版会、2009年）

世相を鋭く批判し、未来の方向性と今も変わらない日本社会の特徴を示す

◇内容

明治初期に、文明発展の方向性を示した書。最先端の西洋文明にも色々と問題があるが、日本人はそれを学び、並び立ち、さらにその右に出るべきだと福澤は言う。特筆すべきは、物質的な側面よりも、変えるのが難しい「精神」「気風」を先に変えることが本質であると説いていることである。その後の日本が辿った道とは、むしろ逆である。全編を通じて、以下の「注目点」❶と❷のような内容が繰り返し強調されている。

読者は、1875（明治8）年の出版当時の世相への福澤の鋭い批判とともに、現在まで変わらない日本社会の特徴も、感じとることができる。当時福澤が批判したような統治でも一定の成功を収めてしまうとも言えるが、彼の主張したような方向での改善をしたから発展があったのだ、と見ることもできるだろう。

◇注目点❶ 各階層のバランスと、「多事」の表出こそ目標に

福澤によれば、日本は、所属する家の身分を根拠に公的な地位につき、重要な意思決定を独占できる、権力が「偏重」となっている社会である。「治者」の階層の中でも、その外の「被治者」の階層の中でも、あらゆるところで身分に基づく権能が限定され、階層を越えた議論や交流も、同じ国民としての意識もない。身分の移動は一部で生じているが、移動した先の文化に順応しようとするだけである。

他方、これから目標とすべきは、当時の西洋のように権力が「平均」された（バランスが取れた）社会である。人間としての「権義」（rightsの訳語）は出身・家柄にかかわらず同等であり、各階層の所属者が「独一個」（独立した自由な個人）の気概を持ちながら、同じ人間としての自由な議論や交流が成立し、「多事」が表出できるような状態である。この主張の背景にあるのは、福澤が幕藩体制の時代、譜代名門の藩（奥平家10万石）とはいえ、自らは下級役人の家に生まれて実際に経験した身分差別への憤りである。そのことは本書にも赤裸々に言及されている。急進的な自由民権論は支持しないものの、「百姓町人」がいずれ発言するようになることを望むような記述もある。

本書執筆時の福澤は明治政府に近い知識人たちと「明六社」を結成していたが、彼自身は結局、官には就かず、在野で言論・出版活動と教育を続ける。なお、無知で付和雷同する人々の「世論」に対しては、福澤は批判的である。

◇ 注目点❷ 「理財」の学も重んじ、人民の多様な「智」の向上を目指す

福澤によれば、権力のバランスを欠くと、人間の考え方が「活溌（活発）」でなくなってしまう。古代を模範とした生き方の徳目を身分に応じて追いかけるだけで、文明の停滞を招いてしまう、それが日本の姿であるという。特に儒教批判が激しいが、仏教、神道、国学者、国体論者、そして、キリスト教輸入論者なども同様に批判されている。

逆に重視したのは、現在の状況や実際の動きを分析して、物事の「理」や「軽重大小」や「利害得失」などを追求し、批判的な検討も歓迎し、未来へ向けた進歩をもたらすことである（西洋の近代合理主義に類似した福澤のこの主張は、その後も多くの思想家や実務家によって評価されてきた）。こうした学問観に基づき、それまで低く位置付けられていた「理財」の学（経済学）や、商・工業の重要性を率直に認める。財を「費散」する存在である統治者と、「蓄積」する存在である「人民」が分断されていることの弊害も、指摘している。統治者は無駄遣いをし、人民はケチで自分勝手になってしまう、という。現在にも通じる具体例が複数登場するので（特に第九章）読んでみてほしい。

なお福澤は、人が宗教に傾倒することや、家柄を誇りに思うことを否定はしていない。しかし、それは家の中での修養には良いが、複雑化した社会における「人間交際」には不十分なので、これからは「智慧（智恵）」「智力」の向上を目指し、それによって評価されるべきだという。福澤自身も、そうして人生を切り開いてきたのである。

◇ 注目点❸ 国の「独立」をどう守るべきか

福澤は、単なる欧米支持者ではない。上記の合理主義的主張の中には、西洋の現状を超えるようなものもある。西洋諸国民の利己性やアメリカ流の競争社会への懐疑も記されている。さらには、イギリスの苛烈な植民地支配にも触れ、強く警戒している。

最終章では、「文明」へと進んで行くことは、「今の」国の独立を守る手段であるとも述べる。そして、国際法を素朴に信頼したり、開港した港周辺での急激な西洋化を喜ぶような風潮や、農業生産物を輸出し、工業製品を輸入に頼る経済構造にも懸念を示す。本書出版後の日本は、工業化の途を歩むことはできた。しかし、次世代技術を外国由来のものに頼るという構造は、現在でも見られる。本書の意義は古びていない。

◇ テキスト

戸沢行夫編『文明論之概略』（慶應義塾大学出版会、2009年）には、各見開きごとに丁寧な「語注」が付いている。出版当時の文章を素直に読むことができる。複数の版元による現代語訳（文庫版）や、原著（著作権消滅）の複製版も入手可能である。 　　　（吉田龍太郎）

三酔人経綸問答
さんすいじんけいりんもんどう

中江兆民 Nakae Chomin, 1847-1901

明治20(1887)年

 日本の政治思想家。本名篤介。土佐藩下級武士の出身。幕末に長崎で仏語を学び、維新後、元老院書記官を経て「東洋自由新聞」創刊。言論で自由民権運動の指導的地位にあった。第1回衆議院議員総選挙に当選。

『三酔人経綸問答』
(桑原武夫・島田虔次訳・校注、岩波書店、1965年)

時代を超え、自由・平和・保守・進歩などの課題を問いかける

◇内容

兆民は当初、本書の一部の論考を徳富蘇峰(1863-1957)が主宰する『国民之友』に寄稿した。その後、本書は1887(明治20)年5月に東京集成社から出版された。ときまさに国会開設に向け高揚した民権論と、ついで条約改正等をめぐり隆盛となった国権論が衝突し、著者である兆民自身も言論界を脱して政治運動へと転じてゆく節目の年であった。

何といっても本書の魅力は、その奇抜な構成にある。思想の異なる三人の登場人物、「紳士君」、「豪傑君」、「南海先生」が酒席で(「三酔人」の由来)議論を戦わせる鼎談形式が採用されている(ここで「経綸」とは国を治める方策といった意味)。理路整然と西洋思想を説くスマートな紳士君、かたやこれに反論し中国への進出を唱える壮士然たる豪傑君。そして両者の間を調停するリアリスト、南海先生の三人が丁々発止と渡り合う。

時代背景と兆民の思想に思いを巡らせながら、三人のうち誰が主として兆民の立場や考えを体現しているかは、読者の自由な判断に委ねられている。南海先生や紳士君を兆民とみなす場合が多いが、兆民がその後、対露強硬論を主張するようになることを考慮すれば、豪傑君のパワー・ポリティクス型思考とも重なってみえてくる。

自由、平和、保守、進歩など現代日本の抱える諸課題を考えるうえで、本書は時代を超えて世界の基本的で本質的な問題を照らし出しており、古典としての価値を有していよう。

◇注目点❶ 兆民の学問遍歴や運動への姿勢を反映

兆民は理論家と運動家の二つの顔を持つ。岩倉遣外使節(1871年、岩倉具視を全権大使として明治政府が欧米に派遣した使節団)に留学生として随行した兆民は、フランスにおいて仏語やヨーロッパの政治思想を修めた。1874(明治7)年に帰国した兆民は、ちょうど勃興期にあった自由民権運動に直ちに参加することなく、民主主義の理論的支柱たらんとした。

中江兆民『三酔人経綸問答』　　37

　これこそ兆民の基本姿勢で、明治10年代の民権運動盛んなりし時代に、兆民は直接的行動を避け、ひたすら理論の精緻化に専念した。おそらくその後も燃えさかる民権運動を横目に、兆民を踏みとどまらせたのは、ジャン・J・ルソー（→20ページ）の『社会契約論』にちがいない。兆民はこのとき、同書の翻訳（『民約訳解』）に沈潜していた。

　兆民がようやく政治運動に乗り出したのは、明治20年代のことであった。兆民にとって、それは理論から運動への転換にほかならなかった。その際、兆民が世に問うたのが、本書であった。

　板垣洋行問題（結党まもない1882年、自由党総理板垣退助は党内の批判を受けながら渡欧した）に端を発した自由党の衰退と、これを挽回すべく各地で引き起こされた激化事件による混迷のさなか、兆民は本書を上梓した。同1887年末、保安条例による追放を機に兆民は政治参加を本格化し、国会議員への階梯を上がることになった。

◇注目点❷　洋学紳士のいう西洋諸国の「自由、平等、友愛の三大原理」で国を守る

　「ヨーロッパ諸国はすでに自由、平等、友愛の三大原理をわきまえながら、なお民主制に従わない国が多い」。兆民は紳士君をして、先進国の"三大原理"によって自国を守り、西洋諸国を批判した。

　「われわれは文明の進歩に後れをとった一小国でありながら、頭をあげてアジアの片隅にすっくと立ち上がり、一躍、自由、友愛の境地に跳びこむのです」。

　かくしてわが国が「純然たる哲学の申し子となったとあっては、文明をもって自ら傲るヨーロッパ諸国の人々も、深く恥じ入るのではないでしょうか」。

◇注目点❸　「いささか自慢の文章です」（兆民）──「回復の民権」と「恩賜の民権」

　兆民が南海先生をして自ら得意げに語った一節がある。「世に民権といわれるものにも、二種類あるのです。イギリス、フランスの民権は、回復した民権といえるもので、下から進んで獲得したものです。もうひとつは、賜った民権というべきもので、上から恵まれたものです。（中略）もし賜った民権を得て、これをただちに回復した民権にかえようとするのは、ものごとの踏むべき順番をたがえることにならないでしょうか」。

　ルソーに学んだ兆民は、理不尽で「理義」では扱えない現実の世界にも向き合おうとした。こちらが軍備を撤廃しているのに、現実には襲撃してくる国々もある。よって、兆民は豪傑君を登場させ、あえてその存在意義を示したのであろう。

◇テキスト

　原文（本書の刊行当時は普通だった漢文読み下し調の文体）と注釈、現代語訳を併記した岩波文庫（桑原武夫・島田慶次訳・校注、岩波書店、1965年）版をすすめる。

（笠原英彦）

国家と革命

レーニン Vladimir Ilyich Lenin, 1870-1924
The State and Revolution：1917　※原著はロシア語

著者　帝政ロシアの中流家庭出身の革命家、政治家。学生時代マルクスに傾倒。穏健な社会主義を批判、革命運動を展開。シベリア流刑後、亡命先のスイスから帰国。ボリシェヴィキ(後の共産党)を率い世界初の社会主義国家を樹立。ソビエト連邦の初代代表。

『国家と革命』
(角田安正訳、講談社、2011年)

「階級支配の道具としての国家」に変わるものは何か

◇内容

ロシア革命のさなか(1917年、帝政が倒れた「二月革命」と、議会制を目指した臨時政府が崩壊した「十月革命」の間の時期)において、レーニンが、来るべき革命と国家の将来を述べた本。レーニンによれば、国家も歴史の産物であり、階級支配の道具、つまり"持てる者"が"持たざる者"を支配するための道具である。

したがって、現存の国家もブルジョワ階級(持てる者)がプロレタリア階級(持たざる者)を支配するためにある。これを実力で打倒しなければ、社会の根本的変革はありえない。このことを示すための見取り図が、本書である。

◇注目点❶　「プロレタリアート独裁」とは

国家は、ブルジョワ階級による階級支配の道具である。ならばブルジョワ階級に抑圧されているプロレタリア階級が、選挙に参加したり、ブルジョワ階級と妥協したりして、プロレタリア階級の待遇を改善するなどということは、社会変革の手段ではありえない。それは、単にブルジョワ階級に利用され、階級支配に協力させられているだけのことである。

国家が階級支配の道具である以上、階級がなくなれば国家もなくなる。共産主義社会は、階級のない社会(ブルジョワジーはなくなり、全ての人がプロレタリアになる)だが、たとえ革命が起こっても、すぐに国家そのものがなくなるわけではない。共産主義社会が実現するまでの間は、国家は存続する。それが「プロレタリアート独裁」の国家である。

レーニンのいうプロレタリアート独裁国家のモデルは、1871年のパリ・コミューン政権である。プロイセン(現ドイツ)との戦争に敗れたフランスでは、パリで労働者による革命政府が成立し、パリ各区で選出された「コミューン(共同体)」代議員が権力を握った。レーニンはこれにならい、選挙と代議制を否定し、労兵(労働者と兵士)代表が全権を掌握し、ブルジョワジーの権利を否定して労働者のための政治を行うことが、共産主義への移行期に成立するプロレタリアート独裁国家だとした。

レーニン『国家と革命』

プロレタリアート独裁とは、「（労働者など無産者）階級独裁」である。ブルジョワジー（資本家など有産者）を階級として消滅させることがその任務である以上、すべての人に同じ権利を認めることはない。ブルジョワジーの権利は制約される。革命を防衛することが最優先されるので、通常の手続きも無視されることがある。本書刊行後、1917年の十月革命後、選挙によって成立した憲法制定会議を、レーニンは実力で解散した。

権力分立もない。「評議会（ソビエト）」は立法権力と執行権力を兼ねる権力機関である。プロレタリアート独裁が労働者権力である以上、もはや権力は抑圧的ではないとされる。革命遂行のためにすべての権力を掌握するのが、プロレタリアート独裁である。

◇注目点❷ 階級独裁権力のあり方

レーニンの主張がめざしたのは、アナキスト（無政府主義者）批判である。当初、アナキストは左派（変革支持者）の有力な立場だったが、抑圧なき社会をつくるためには、政府そのものを否定して、協同組合を単位として社会を運営していくことを主張していた。しかしレーニンは、移行期には階級独裁権力がなければ、革命の成果を守りぬくことはできないと考えた。

また、レーニンの批判のもう一つの標的は、選挙によって労働者のための政治を実現しようとする社会民主主義の立場である。レーニンは、国家は階級支配の道具だから、労働者がその中に入って権力を握るという考えは幻想にすぎないとする。すなわち、ブルジョワジーが支配する社会を共産主義社会に変革するためには、武装した労働者が実力で政府を打倒し、国家権力を掌握する（暴力革命）以外に方法はない。ブルジョワ国家は、労働者による権力の掌握など許さないし、武装した労働者の実力がなければ、パリ・コミューンの例のとおり、労働者の権力は簡単に踏み潰されるからである。

このようにして成立するプロレタリアート独裁国家とは、どのようなものなのか。プロレタリアート＝労働者と兵士が構成する「評議会（ソビエト）」が支配する国家である。評議会自体はプロの議員ではなく、自分の仕事を持ちながら決定のために参集するアマチュアである。もちろん、さまざまな事務は彼らだけではできないので、ブルジョワ国家の官僚に相当する職員はいる。この職員は読み書きできる人なら誰でもできる単純な業務しかしなくてよい。高圧的な官僚ではないから、ブルジョワ国家とは異なる、というのである。

◇テキスト

講談社学術文庫版（角田安正訳、2011年）が、わかりやすい注があって良い。ただし、白井聡の「解説」は読む必要なし。

（永山博之）

職業としての政治

ウェーバー Max Weber, 1864-1920

Politik als Beruf(独);1919

プロイセン(現ドイツ)出身の社会学者、政治経済学者。第一次大戦前にフライブルク大学、ハイデルベルク大学教授を歴任。大戦末期にウィーン大学、ミュンヘン大学教授。主著『プロテスタンティズムの倫理と資本主義の精神』。

『職業としての政治』
(脇圭平訳、岩波書店、2020年)

政治には、いかに合理的な権威と職業的専門性が有用か

◇内容

ドイツが第一次大戦で敗退し、国家の変革が迫られるなか、学生団体向けに行った講演をまとめたもの。本書でウェーバーは、合理的な権威と職業的専門性が政治の中でいかに有用であるかに焦点を当てている。彼は、政治の職業化が合理的かつ組織的な政治を促進し、専門的な知識と無感動性が公共の福祉に奉仕する手段となる、と予測した。

その一方で、ウェーバーはこのプロセスが、政治家の専門性の高度化と官僚制度の発展にもつながると考えた。彼は本書の中で、政治の本質的な変革と、その中での合理性と専門性の重要性を強調している。また、官僚制を合理的に望ましい組織形態として評価している。職業政治家のカネの問題や、官僚制の弊害を知る現代人的視点からは違和感もあるとは思われるが、一方でウェーバーは、そのような合理主義の行き過ぎにも警鐘を鳴らしている。

◇注目点❶ 政治の「職業」概念と官僚制の特徴

ウェーバーは、本書において政治の特殊性を強調している。彼は政治を一般的な意味での行動や態度ではなく、職業としての政治として理解した。そして政治は、単なる意思決定や権力行使だけでなく、プロフェッショナルなスキルや組織的な構造を備えた一連の職業活動として捉えられるべきだと主張した。

特に、ウェーバーは官僚制に焦点を当て、官僚が政治の中心的な職業集団であると指摘している。官僚制は合理的で効率的な組織構造を持ち、専門家が採用され、定型的な手続きに基づいて行動する。彼は、官僚制が近代社会における支配的な組織形態となり、政治的権力の行使において大きな役割を果たしていると論じた。

◇注目点❷ 官僚制と社会の合理化

ウェーバーは、官僚制が社会の合理化に寄与するというアイデアを提唱した。彼は合理化を、「伝統的」な権威や「感情的」な決定から、「合理的」な法則やプロセスに基づく意思決定への変化として定義した。そして官僚制は、このような合理的な構造

を導入することによって、社会の運営を効率的、かつ予測可能にする一環となると考えた。

　彼はまた、「形式的合理性」と「物質的合理性」の概念を導入した。形式的合理性とは手続きや法則に基づく合理性であり、官僚制の特徴的な側面であるとする。一方で物質的合理性とは、合理性が具体的な目標や価値観に基づく場合を指している。

　官僚制は「形式的合理性」に基づくが、その組織的な構造が「物質的合理性」の追求にも関連しており、社会の合理化に寄与していると考えられる。

◇ 注目点❸ "鉄の檻"としての合理主義

　ただしウェーバーは、"鉄の檻"（おり）（ドイツ語「stahlhartes Gehäuse」の英訳「iron cage」に基づく邦訳）という表現を用いて、合理主義がもたらす社会の構造についても警告をした（その初出は主著『プロテスタンティズムの倫理と資本主義の精神』とされる）。すなわち、合理主義は、効率性や予測可能性をもたらす一方で、その過度な追求が人間の自由や創造性を犠牲にする可能性があると指摘した。合理主義によって創り出された制度が、その中で働く人々を押し固め、個々の選択や柔軟性を奪い取る"鉄の檻"を形成すると警告している。

　この概念は、合理主義が効率性や予測可能性をもたらす反面、その過度な追求が人間の自由や創造性を制約する可能性があるというウェーバーの懸念（けねん）を象徴している。彼は、合理主義が制度や組織を規定し、その結果として人間の生活が抽象的な合理性によって規定され、個々の選択の自由が制約される可能性があると指摘している。

◇ テキスト

　有名な古典であるため、複数の邦訳が存在する。入手のしやすさでは、脇圭平訳（わきけいへい）がある（岩波文庫、初版1980年、改版2020年）　中山元訳『職業としての政治／職業としての学問』（なかやまげん）（日経BPクラシックス、2009年）と、野口雅弘訳『仕事としての学問／仕事としての政治』（のぐちまさひろ）（講談社学術文庫、2018年）は、それぞれウェーバーのもう一つの有名な講演を基にした著述（*Wissenschaft als Beruf*, 1917）を併録しており、お得感がある。それだけ脇圭平訳版が有名で、差別化が必要ということかもしれない。なお、野口訳の版元の紹介コメントには、＜ドイツ語の原語Berufには、生計を立てることとしての「職業」という意味だけでなく、神からの「召命」や「天職」という意味も含まれる。「学問」も「政治」も単なる「職業」ではない、とはどういうことか？……＞とある。初めて読む場合は、現代的な訳でもあるこの野口訳の講談社版が読みやすいかもしれない。

　また、著名な社会学者・清水幾多郎（しみずいくたろう）の翻訳を集めた『政治の本質』（清水訳『職業としての政治』と、同じく清水訳のカール・シュミット（→50ページ）『政治的なるものの概念』を併録。中公文庫、2017年）や、上述の脇恭平訳が刊行される前の岩波文庫版（1952年）を復刻した西島芳二訳（にしじまよしじ）（角川文庫、1984年／オンデマンド版・一穂社、2005年）というのもある。

（永田尚三）

民主主義の本質と価値

ケルゼン Hans Kelsen, 1881-1973

Vom Wesen und Wert der Demokratie(独):1920/1929

オーストリア帝国出身の公法学者。ウィーン大学に学び、同大学で学位(法学)取得。同大学教授時代にオーストリア共和国憲法起草。ナチスの政権掌握後、米国に亡命。カリフォルニア大学バークレー校教授(政治学)。

『民主主義の本質と価値 他一篇』(長尾龍一・植田俊太郎訳) 岩波書店、2015年)

多数派と少数派の「妥協」こそ多数決原理の意義

◇内容

第二次大戦後、「私は民主主義が実現し得る自由のために、無条件に戦い、そのために命を棄てることができる」と、ケルゼンは述べた。さかのぼって、ファシズムと共産主義という二つの全体主義勢力が民主主義に敵対した第一次大戦と第二次大戦の間の時代にあって、本書(原著初版1920年、第二版1929年)では自由と価値相対主義とに基礎づけられた民主主義論を展開した。

◇注目点❶ "自由"の意味の変遷

ケルゼンは、他者に支配されること、すなわち「他律」を嫌うのが人間であるという。しかしその一方、社会や国家の存在が不可欠だとすれば、秩序が人々を拘束する力を持つことや、誰かが誰かを支配することは避けられるものではない。「支配を受けることが不可避であるなら、我々自身による支配のみを受けたいと望むだろう」。

こうして、本来は社会や国家に対して否定的であったはずの"自由"は、「確かに服従はしているが、他者の意志にではなく、自己自身の意志にのみ服従すること」を意味する「政治的自由」へと、「意味の変遷」をたどることになる。

この「政治的自由」の観念がさらに変遷すると、「自分と同等の者による支配に対する抗議が、政治意識において、民主主義でも避けられない支配の主体をすり替えることになる。匿名の国家人格というものに、である」。

このことが、「人間による人間に対する支配という、民主主義的な感情にとって我慢ならない事実を覆い隠す」。すると、個人は国家秩序に服さねばならぬという認識に目をつぶることもなくなり、「個人は他の諸個人との有機的なつながりにおいて国家秩序を作り、そのつながりの中で、そしてその中でのみ『自由』なのだ」ということが一層強調される、とケルゼンはいう。

◇注目点❷ 議会と「多数・少数決原理」

「民主主義とは、その理念によれば、共同意志、比喩を用いずに言うなら社会の秩

序を、その服従者たる国民が作る国家ないし社会の形態である」。

　しかし、国家の規模やその任務の多種多様さから、直接民主制はもはや不可能な政治形態だとケルゼンは指摘する。そのため、「現代の国家の民主政治は、間接民主制・議会民主制であり、そこでは有権者の多数によって選ばれた多数派だけが拘束的な共同意志を作るのである」。

　上述のことは、議会を理解することの重要性を我々に教える。ケルゼンによれば、「普通・平等の選挙権に基づき、国民により民主的に選出された合議機関によって、多数決原理に従って拘束的な国家意志を形成すること」が「議会主義」である。

　この“多数決原理”に従って形成される共同意志・国家意志について、ケルゼンは次のように述べる。「いわゆる多数決原理に従って形成される共同意志は、多数派による少数派に対する一方的支配としてではなく、両者の互いの影響の結果として、つまり相対する政治的意志方向の合成として生じるものである」。

　主張と反論とが行われる「弁証法的・対論的技術をともなう議会の全手続は、妥協の実現を目指すものである。現実の民主政治下での多数決原理がもつ本来の意義は、この点にある。それゆえ、多数決原理はむしろ多数−少数決原理と呼ぶほうが良い」。

　このようにケルゼンは、多数決原理の意義は多数派と少数派との「妥協」にあると論じ、この観点からいけば、多数代表制よりも比例代表制のほうが優れているとも指摘した。

◇ 注目点❸ 民主主義と世界観

　ケルゼンは、「民主主義思想が前提とする世界観は、相対主義である」と述べ、絶対的な真理や絶対的な価値を認識することは人間にはできない、という考えが民主主義の前提であるとした。こうした考えのもとで、「民主主義にとって特徴的な多数派による支配」は、「少数派を政治的に承認し、基本権と自由権において、そして比例原則において保護する」。そして、「少数派の勢力が増すほどに、民主政治は妥協の政治となるのである」。

◇ テキスト

　ハンス・ケルゼン『民主主義の本質と価値 他一篇』（長尾龍一・植田俊太郎訳、岩波文庫、2015年）。この全訳のほか、本書第二版には同じく岩波書店から刊行された西島芳二訳（1932年）があったが、今日の我々からすれば長尾・植田訳のほうが断然読みやすい。また、『ハンス・ケルゼン著作集Ⅰ 民主主義論』（上原行雄・長尾龍一・布田勉・森田寛二訳、慈学社、2009年）にも、貴重な邦訳が収録されている。

（荒邦啓介）

世論
よろん

リップマン Walter Lippmann, 1889-1974

Public Opinion ; 1922

著者 米国のジャーナリスト、政治評論家。ハーバード大学卒業。第一次大戦前に「ニュー・リパブリック」誌創刊編集者。戦後「ニューヨーク・ヘラルド・トリビューン」紙のコラムニストとなり、30年以上にわたり執筆。ピュリッツァー賞2回受賞。

『世論』
（全2冊、掛川トミ子訳、岩波書店、1987年）

報道がもたらす「ステレオタイプ」と「デモクラシーの危機」への警鐘

◇ 内容

　1922年にリップマンは、彼の主要著作となる『世論』を出版した。第一次世界大戦中に行われた情報操作と検閲の問題、大戦後の和平工作の挫折経験を取り上げ、世論とは何か、詳細に論じている。世論については、次のように説明している。

　「人びとの脳裏にあるもろもろのイメージ、つまり、頭の中に思い描く自分自身、他人、自分自身の要求、目的、関係のイメージが彼らの世論〔public opinions〕というわけである。人の集団によって、あるいは集団の名の下に活動する個人が頭の中に描くイメージを大文字の「世論」〔Public Opinion〕とする」（『世論』上巻p.47／なお、〔 〕内の記述は引用者によるもの）。

◇ 注目点❶ 「疑似環境（pseudo-environment）」とは

　本書は、新聞の作り上げる現実は、必ずしも客観的事実とは同一のものではないことを強調した。重視した点は、新聞というマスメディアが作り上げた現実のようなものが、そのまま読者の頭のなかでは、正確に客観的として印象づけられるということである。リップマンは、この人々の「頭の中の映像」を「疑似環境」と呼び、「世論」がマスメディアの手によって特定方向に誘導される危険性を指摘した。わかりやすく言えば、複雑化された社会においてフィルターを通じて創り出された社会を「疑似環境」と定義したわけである。

　また、リップマンは「われわれはたいていの場合、見てから定義しないで、定義してから見る。外界の、大きくて、盛んで、騒がしい混沌状態の中から、すでにわれわれの文化がわれわれのために定義してくれているものを拾い上げる。そしてこうして拾い上げたものを、われわれの文化によってステレオタイプ化されたかたちのままで知覚しがちである」（『世論』上巻p.111）と説明し、「ステレオタイプ」というフィルターと世論の関係を読み解いて見せた。

リップマン『世論』　　45

✧ 注目点 ❷ 頭のなかにあらかじめ構成された特定のパターン（ステレオタイプ）をもっている

リップマンの考えの主要点は、以下のようなことである。

①ニュース報道機関の中に真実を報道する責任に対して組織的曖昧性があること。

②取材、記事作成・編集のすべての過程で検閲が行われ、特定の考え方を宣伝するための装置として利用される可能性があること。

③人々は情報を帰属集団の中で確立されている固定的、画一的（かくいつてき）な基準やイメージから情緒的に評価しがちなため、その内容と対立する実証的証拠を冷静に受け入れることに抵抗を示しがちであること。

このようにして形成される固定的・画一的イメージは「ステレオタイプ（固定観念）」と名付けられ、社会心理学上のキー概念となった。

✧ 注目点 ❸ メディアと世論形成

もし新聞報道に特定の立場だけを多く取り上げるという偏（かたよ）りがあり、不公平さを修正する責任部局もなく、読者もその偏りを冷静に判断する主体的パーソナリティや知識を欠いていると、報道は、人々の中に形成された疑似環境と「ステレオタイプ」を通して「世論」を操作する装置となりうるのである。

我々を取り巻く現実環境は、巨大かつ複雑で移ろいやすいため、真実を直接知ることは、困難に近い。そのため我々は真実としての環境に直接反応するのではなく、頭のなかに作り出した表象である疑似環境やステレオタイプに基づいて判断、行動する。

リップマンはここに、マスメディアが「デモクラシーの危機」を生じさせる危険性を読み取っていた。マスメディアの世論形成に果たす役割は、重大かつ危険性をも併せ持つ「諸刃（もろは）の剣」、とリップマンは考えたのである。このように大衆心理の形成過程を鮮やかに描き出した本書は、たとえば大学入学時に推薦できる良書の1冊といえよう。

✧ テキスト

掛川（かけがわ）トミ子訳『世論』（全2冊、岩波文庫、1987年）をすすめる。文庫本なので、手軽に読み始められる。本書はリップマンの主要著作の一つであるが、この2年後に出版された『幻想の公衆』（*The Phantom Public*：佐々木孝夫訳、一藝社、2023年）との併読をすすめたい。連続したこの2冊は、彼の初期の思想を知るうえで重要であり、分量は多くなるが読みやすいと思われる。

（佐々木孝夫）

大衆の反逆

オルテガ José Ortega y Gasset, 1883-1955

La Rebelión de las Masas（西）:1929

スペインの思想家、哲学者。父親はジャーナリスト。マドリード大学で学び、博士号(哲学)取得。ドイツ留学後、27歳で母校教授。スペイン内戦勃発後、アルゼンチンに亡命。第二次大戦後に帰国し、旺盛な言論活動を展開。

『大衆の反逆』
（佐々木孝訳、
岩波書店、2020年）

驚くべき博識が描き出す「凡俗な人間」と「卓越した人間」

◇内容

1920年代のヨーロッパを、「大衆」が社会の前面に躍り出た時代と捉え、驚くべき博識でもって、危機的様相を描いた。経済的、社会的階級論とは別で、文明論の色彩が濃い。スペイン語で1930年に出たが、37年と38年にそれぞれプロローグとエピローグが加えられた。

◇注目点❶ 現代では自己を律することのない「大衆」が社会を動かしている

「大衆」と「エリート」がテーマだが、大衆社会論のような社会階級、経済階級の区分ではなく、「凡俗な人間」と「卓越した人間」の区別だ。ここを押さえておかないと本書は理解できない。

よく「貴族主義的」と呼ばれるが、オルテガのいうエリートは「高貴な生」を求める者であり、身分の貴族でもなければ、世襲貴族とも関係ない。「自らに多くを要求して、困難や義務を課す人」で、ノブレス・オブリージュ（地位に伴う責任）に近いものを考えておくとよい。

エリートに対するのが、大衆＝「凡俗な人間」であり、「自らに何ら特別な要求をせず、むしろ現状に満足して自己完成に努力せず、波の間に漂っている人」である。

この種の人間は専門家にも見られる。彼らは専門領域以外については「はっきり無知」で、「知者ではない」。他人の言うことに「聞く耳を持たない」点は、大衆と共通で、教養人が少ないのが現代だ、という。

この種の主張が、多くのバリエーションで語られる。

◇注目点❷ 政治は「法」や慣習など「確立された社会形式」に左右される。支配には権威が欠かせない

岩波文庫版にだけ収められている「イギリス人のためのエピローグ」は貴重な文章で、本格的に読み込みたい。本文での法、慣習、社会、支配などの用語も、理解の程度が問われる。

オルテガ『大衆の反逆』　47

「通常の平和主義（パシフィズム）では、法はすでに存在するもの、また、人間の意のままになる」と考えられているが、それは誤りだ。条件が整って初めて法は、「言葉の十全たりうる意味で、有効な規範になる」。

「理論としてさえ諸民族の法〔国際法〕が存在していないのに、民族間の紛争〔戦争〕がなくなればいいと願っている」ようだが、そんな「願いなど軽薄、いや不道徳と形容」したくなる。「ある願い事が、単にそう願っているからという理由で、魔法のように実現すると考えるのは不道徳だからだ。その遂行の手段を早めに用意する、厳しい意志を伴った欲求のみが道徳的なのである」。

✧ 注目点❸　正確な理解には西洋古典の教養が必要だ

この書は上記の特徴からして、いろいろな読み方が可能だ。また、読者の西洋古典の教養により、理解の程度が変わってくることも特徴だ。表現は一般的だが、どれだけ理解できているか、怪しくなるのであり、正確な理解は容易でない。

私（加藤）が最初に惹（ひ）かれたのは次の文だ。

「タイプや段階がどのようなものであれ、デモクラシーが健全かどうかは、ひとえに些末（さまつ）な技術的細部である選挙制度にかかっている。それ以外のことはすべて二義的である。選挙制度が適確で現実に即（そく）しているなら、すべてうまくいく。そうでないなら、すべて失敗する」。

実に巧みな表現だが、これは都市国家から始まったローマが、投票所を「都市」に制限したことを言っているらしいが、事情を知らない者には理解が容易ではない。

下記の四種類の邦訳でも判然としないが、ドイツ語版からの重訳（佐野利勝（さ の としかつ）訳、筑摩書房、1953年）がヒントになる。「当時、投票はローマ市」の内で行われなければならなかった。郊外に居住する市民にも容易でなく、「ローマ帝国の全土に分散していた人々については言わずもがな」であった。

✧ テキスト

長らく邦訳書は、神吉敬三（かん き けいぞう）訳（角川文庫、1967年／復刊1989年→ちくま学芸文庫〔改訳版〕、1995年）、桑名一博（くわ な かずひろ）訳（『オルテガ著作集 2』、白水社、1969 年／白水Uブックス、2009年）、寺田和夫（てら だ かず お）訳（『世界の名著』版、中央公論社、1971年／中公クラシックス、2002年）の3種だった。読み比べると一長一短の印象があり、原文の特徴でもあるが、隔靴掻痒（かっ か そうよう）の感が残った。

2020年に読み易い佐々木孝（さ さ き たかし）訳（岩波文庫）が出た。平和主義を論じたエピローグが初めて入ったのも喜ばしい（評価はスペイン語を読めない筆者・加藤の判断にとどまるが……）。

（加藤秀治郎）

イデオロギーとユートピア

マンハイム Karl Mannheim, 1893 - 1947

Ideologie und Utopie（独）;1929

著者 ハンガリー出身の社会学者。第一次世界大戦後の混乱のなか、ドイツに亡命、知識社会学の基礎を築く。フランクフルト大学教授時代にヒトラー政権が誕生、英国に再度亡命。ロンドン大学で教鞭を執る。

『イデオロギーとユートピア』
（高橋徹・徳永恂訳、中央公論新社〔中公クラシックス〕、2006年）

自らの知識や思想をも「イデオロギー」と自覚する重要性

◇ **内容**

　主にイデオロギー論、知識人論、ユートピア論という3部構成の、知識社会学の古典。特に、政治的な知識や思想を、普遍的に妥当する哲学としてでなく、それらと社会との関係性から理解しようとする本書は、政治学・政治思想研究にとって今でも重要である。

◇ **注目点❶「知識の存在拘束性」とは**

　多くの政治的党派が自らの主義の絶対性を主張して混迷していた1920年代ドイツ。その中で、敵対勢力の主張を「イデオロギーだ」と暴露し批判する場合、そこには嘘あるいは偏向した考えだとの非難が込められる。しかし知識社会学が要請するのは、敵の主張だけでなく自分自身の政治的知識や思想もまたイデオロギーであり、自らが身を置く特定の社会的立場（存在）に縛られているという「知識の存在拘束性」を認めることである。

　存在拘束性という考え方は、自由主義を、資本家階級のイデオロギーだと喝破したマルクス（→30ページ）から影響を受けている。しかしマンハイムの目には、マルクス主義は敵対階級の思想のみをイデオロギーと呼び、それを虚偽だと暴露することに専念していると見えた。だがどの立場の思想も、虚偽かどうかにかかわらず一定の党派的イデオロギー性を免れない部分観なのであり、絶対的な正しさを主張できない。むしろ、自らの思想の部分性を自覚し、自分に足りないものを他から補うことで視野を最大限に拡大することこそ重要となる。

　この存在拘束性の概念によって、虚偽暴露的なイデオロギー論から、社会科学の一分野としての知識社会学が成立するという。マンハイムは、ある思想を他の思想との関係性の中で反省的に見つめ直し、その時代の思想状況全体を総合的に把握することを目指す自らの立場を「相関主義」と呼んだ。また彼は、そうした知的営みを「時代診断」とも考えた。

マンハイム『イデオロギーとユートピア』　　49

◇注目点❷ 知識人がもつ「自由浮動性」とその責任

　存在拘束性を免れている人や集団はいないと考えられるが、それに縛られる度合い
が比較的低いと見られる人々がいる。それがマンハイムの言う「自由に浮動するイン
テリゲンチャ」である。このような知識人たちは社会の特定の層に固定されておらず、
彼ら・彼女らを互いに結びつけているのは政治的信条ではなく教養である。この人々
こそ、対立しあう政治思想がそれぞれどのような社会的立場に拘束されているのかを
見極め、思想の全体状況の中の部分として位置づけて理解できると期待された。つま
り、知識人こそ「時代診断」の有力な担い手になり得るというのである。

　こうした知識人論に対しては、存在拘束性を説くはずのマンハイムが知識人だけは
それから自由であると考え、特権的な人々として知的エリートを擁護するものだとい
う批判がされがちであった。しかしそれはマンハイムの意図とは異なる。彼の主張は、
安易に特定の政治的党派に加担して御用学者のようになるのでなく、かといって自ら
を政治から完全に切り離して超然とした態度をとるのでもなく、知識人には、その自
由浮動性ゆえに最大限に視野を拡大して時代の思想状況を診断する「責任」があるの
だ、という規範的なものであったと言える。

◇注目点❸ 現実に働きかける「ユートピア」

　一般的に、「イデオロギー」も「ユートピア」もいずれも、現実（あるいは存在）を
そのまま反映してはいない思想だと理解される。しかしマンハイムが考える「ユート
ピア」とは、単なる非現実的な願望や空理空論のことではない。それは言わば、未来
に向けた理想像を示すものであり、それが現実を超えた観念だからこそ、現実に働き
かけそれを変革する実践的意義を持つ。つまり、今日のユートピアが明日の現実にな
り得るというのである。その意味でユートピアは、今ある秩序を変革し、歴史を作り
出していく原動力とも見なされる。

　ところが現代では、現実と一致していないという理由でユートピアを拒否する態度
が支配的になりつつある。マンハイムはこの傾向性を、目の前の物質的現実がすべて
であると考えてしまう「即物性」として危惧する。長い歴史をへて、運命に翻弄され
るだけの状態から自ら道を切り開く段階に至ったはずの人間が、ユートピアを放棄す
ることによって、逆に、歴史を作り出そうとする意志と展望を失うという逆説に陥っ
ているというのである。それは、人間が「物」と化してしまうことへの彼の警鐘であ
った。

◇テキスト

　中公クラシックス版『イデオロギーとユートピア』（高橋徹・徳永恂訳、中央公論新社、2006年）、
次善として『イデオロギーとユートピア』（鈴木二郎訳、未來社、1968年）。

　　　　　　　　　　　　　　　　　　　　　　　　　　　　　　　（山田竜作）

政治的なものの概念

カール・シュミット Carl Schmitt, 1888-1985

Der Begriff des Politischen（独）：1932

 ドイツの公法学者、政治学者。ベルリンはじめ各大学で学び1910年博士号、1914年教授資格取得。グライフスヴァルト大学、ボン大学教授等を経てナチ政権でベルリン大学教授。1945年敗戦後、ニュルンベルクで尋問を受けるが釈放、戦後も活動。

『政治的なものの概念』
（権左武志訳、
岩波書店、2022年）

「敵」と「味方」の対立こそ政治の本質である

◇内容

カール・シュミットは、現在主流になっている民主政治とそのための制度を前提とした政治学者ではなく、むしろ主流の理論を正面から批判しようとした学者である。ナチ政権期にはナチ政権を支持し、NSDAP（Nationalsozialistische Deutsche Arbeiterpartei：国民社会主義ドイツ労働者党）党員でもあったが、政権につく以前に国民社会主義を著書で批判していたことなどから、ナチ政権の下では途中からは不遇であった。

本書は、シュミットの主著の一つであり、政治の本質は「敵味方の対立」であるとする「敵味方理論」を提示したものとして著名である。われわれは多くの本で、政治とは、対立する人々の間の利害調整であるというような定義を読んでいる。しかし、著者はそのような考え方をきっぱりと拒否する。

◇注目点❶ 日常的な事態が本質なのではない、例外が本質を暴き出す

シュミットは、政治の本質は味方と敵の対立であるとする。ここでいう敵対関係とは、感情的な対立とか、利害の対立というようなことではない。また、ライバル関係ということではなく、議論の上での批判者にもとどまらない。公的に敵対しているということそのものが敵対関係である。この敵対関係は、ルールによって制御された環境での批判関係（議会政治、政党政治の上での対立関係）にとどまらない。

彼の理論では、敵は「存在自体を許すことができない」というレベルでの敵であり、我と敵との関係は究極的には武力による闘争にいたる可能性を含むものである。外敵との関係の究極的な姿は戦争であり、国内の敵ではそれは内戦となる。だが、すべての政治的敵対関係が戦争、内戦になると言っているのではない。

シュミットは、戦争や内戦は例外事態だということを認める。しかし、例外だから本質ではないとするのではなく、例外だからこそ本質なのだと考える。日常的な事態が本質なのではない。例外が本質を暴き出すのである。対立の究極的な姿が殺し合いだという例外の姿をわたしたちが認識することが、対立の本質を形成しているのである。

◇ 注目点❷ 「政治が存在しない世界」とは何か

　シュミットは、完全に戦争がなくなり、組織的暴力がなくなった地球は、もはや政治が存在しない世界であるという。宗教・道徳・美・経済における対立は、それが政治的対立に結びつく限りで政治的な意味をもつ。意見が違うから対立するのではなく、きっかけはなんであれ、調停不可能な対立状態になるということが政治的対立なのである。

　世界は統一され得ず、多元的に分裂した状態であり続けると、シュミットはいう。ドイツも署名批准した「不戦条約」(1928年、第一次大戦後に締結) が戦争を廃絶できるという考えは、彼によれば単なる思い違いである。人類は戦争を行うことができない。人類の敵はいない (敵も人類である) からである。人は「人類」であると同時に「国民」であり、国民同士は敵対関係になりうる。かつての君主同盟 (神聖同盟とも。19世紀初めのナポレオン戦争後、プロイセン〔ドイツ国家の前身〕国王、オーストリア皇帝、ロシア皇帝が結んだ、君主間の盟約) が戦争をなくせなかったことと同じく、国際連盟 (1920年設立) が戦争をなくすこともできない。

◇ 注目点❸ 人間は "危険な存在" である

　シュミットは、すべての政治理論は人間学的前提をもつとする。それは人間が本性上、善か悪かということであり、その前提として人間が無害な存在か、危険な存在かという問いに対する立場が存在する。彼は人間を「悪」とし、危険な存在であるとする立場に立つ。それは、マキアヴェッリ (→10ページ)、ホッブズ (→14ページ)、ボシュエ (Jacques-Bénigne Bossuet, 1627-1704：フランスの司教)、フィヒテ (Johann Gottlieb Fichte,1762-1814：ドイツの哲学者)、ド・メーストル (Joseph-Marie, Comte de Maistre, 1753-1821：フランスの外交官)、両義的ではあるがヘーゲル (Georg Wilhelm Friedrich Hegel, 1770-1831：ドイツの哲学者)、コルテス (Hernán Cortés de Monroy y Pizarro, 1485-1547：南米を征服したスペイン人入植者)、テーヌ (Hippolyte Adolphe Taine, 1828-1893：フランスの批評家) の伝統に連なる立場である、という。

　ここで重要なことは、人間を善だとすることが闘争をなくすのではないのだ、ということである。シュミットは、人間が「真で善で正義だという確信を抱くことこそ、最悪の敵対関係、最終的には万人の万人に対する「戦争」をも引き起こす」(邦訳書p.74) ことを、ホッブズは正しく認識している、としている。

◇ テキスト

　本書には複数の翻訳がある。それぞれに読むべきところがあるが、現在では、岩波文庫版の権左武志訳『政治的なものの概念』(岩波書店、2022年) をまず読むべきである。シュミットの小伝と本書の位置づけ、本書の各版 (1927年の専門誌初出、1932年ワイマール時代末期〔岩波版の底本〕、1933年ナチ政権確立後、そして敗戦から18年後の1963年と四つの版があり、その異同が重要) についての解説が付されている。

(永山博之)

自由からの逃走

フロム Erich Seligmann Fromm, 1900-1980
Escape from Freedom：1941

 ドイツ出身の心理学者、精神分析学者。フランクフルト大学、次いでハイデルベルク大学の講師だったが、米国に亡命。コロンビア大学、メキシコ国立自治大学などで教えた後に、ニューヨーク大学教授。

『自由からの逃走』
(日高六郎訳、東京
創元社、1951年)

ナチスが熱狂的に支持された社会心理を鋭く説くロングセラー

◇内容

　1933年にドイツでナチスが政権を掌握したことにより、フロムは翌年アメリカに亡命した。そして、「ファシズムと戦うには、それを理解しなければならない」(p.12)という必要性から書かれたのが本書である。1941年にアメリカで出版された本書は、1951年に邦訳本が出版され、日本においても2023年に131版にも達するロングセラーとなっている。

◇注目点❶ 自由が重荷となり、逃れたいという心理

　『自由からの逃走』という書名に関して、「近代のヨーロッパおよびアメリカの歴史は、ひとびとをしばりつけていた政治的・経済的・精神的な枷から、自由を獲得しようとする努力に集中される。(中略)われわれはドイツにおける数百万のひとびとが、かれらの父祖たちが自由のために戦ったと同じような熱心さで、自由を捨ててしまったこと、自由を求めるかわりに、自由からのがれる道をさがした」と述べる(p.10-12)。

　自由は、政治権力からの抑圧により奪われることもある一方で、ひとびとが望んで獲得した自由自体が重荷となり、そこから逃れたいという心理につながるという点に照射を当てている。

◇注目点❷ 権力は一つの集団がもっている「社会的性格」と結びつく

　この研究は、ドイツでなぜヒトラーが支持され、権力を掌握したのかという点を理解するうえで、経済的社会的条件のほかに、人間の性格構造の理解が必要であるという認識に基づいている。フロムは、性格の基本的中核の形成において乳幼児期の体験を重視する精神分析学者フロイト(Sigmund Freud, 1856-1939)とは異なり、社会的・文化的要因も作用していることを重視し、社会的性格の概念を提示した。社会的性格とは「一つの集団の大部分の成員がもっている性格構造の本質的な中核であり、その集団に共同の基本的経験と生活様式の結果発達したものである」(p.306)。

フロム『自由からの逃走』　53

　そして、「思想が強力なものとなりうるのは、それがある一定の社会的性格にいちじるしくみられる、ある特殊な人間的欲求にこたえる限りにおいてである」(p.310)と述べる。したがって、社会的性格が上部構造（イデオロギー）と下部構造（物質的・経済的な社会関係）を連結する機能を有すると考えた。

✧ 注目点❸ ナチスに屈服した人々、ナチスを狂信的に支持した人々

　国家(国民)社会主義ドイツ労働者党(ナチス)およびそのイデオロギーがなぜ当時のドイツ国民の支持を得たのかという点を考察するには、当時の社会経済的状況のみならず、支持層の社会的性格という社会心理学的視角が有効であるとする立場をとる。

　もっとも、ナチスに対してのドイツ人の態度は、(1)特に賛美者にはならないもののそれに屈服した人々、そして(2)ナチスの新しいイデオロギーに強く惹きつけられ、狂信的に支持した人々、に分かれていたとする。(1)のグループは労働者階級や自由主義的およびカトリック的なブルジョアジーから構成され、(2)の熱烈な支持層としては、小さな商店主、職人、ホワイトカラー労働者などから構成される下層中産階級であったと分析する。

✧ 注目点❹ 権威には服従するが、他者は服従させたいという階級

　この分類に基づき、ナチスに対して熱烈な支持をした下層中産階級の社会的性格に着目し、論を進めていく。そして、下層中産階級の社会的性格を「サド・マゾ的性格」または「権威主義的性格」と特徴づけた。これはドイツのみならずその他ヨーロッパ諸国の、下層中産階級の大部分において典型的にみられた社会的性格であるとする。権威主義的性格を備える者は、権威をたたえ、それに服従しようとすると同時に、かれらはみずから権威であろうと願い、他のものを服従させたいと願っている。

　そして、ドイツではナチスのイデオロギーである、指導者に対する盲目的服従、征服と支配への渇望、人種的政治的少数者に対する憎悪、ドイツ民族と北欧人種の賛美は、権威主義的性格を有する当時のドイツ下層中産階級にとって驚くべき感情的な魅力を持っていたと述べる。つまり、指導者への盲目的服従にはマゾヒズムな側面が、そして人種的少数者への抑圧的心理はサディズム的側面が表れていた。

　フロムは、第一次大戦後における下層中産階級の経済的・社会的地位の低下と、下層中産階級の社会的性格である権威主義的性格とがあいまって、ナチスへの熱狂的支持をもたらしたと考えた。

✧ テキスト

　邦訳はエーリッヒ・フロム『自由からの逃走』(日高六郎訳、東京創元社、1951年／1980年〔新版〕)。引用ページは邦訳本のページである。

（井田正道）

資本主義・社会主義・民主主義

シュンペーター Joseph Alois Schumpeter, 1883-1950

Capitalism, Socialism and Democracy : 1942

 オーストリア帝国(現チェコ領)出身の経済学者。ウィーン大学に学び同大学で学位(法学)取得。ボン大学(独)、ハーバード大学(米)教授を歴任。第一次世界大戦後、オーストリア共和国の大蔵大臣も務めた。

『新装版 資本主義・社会主義・民主主義』(中山伊知郎・東畑精一訳、東洋経済新報社、1995年)

「創造的破壊」を唱えた、経済分析による民主主義論の先駆け

◇内容

1930年代後半から、資本主義体制と社会主義体制のパフォーマンスを比較し、経済体制の選択を論ずることが、経済論壇の喫緊の主題であった。経済学者シュンペーターが、論壇のこうした状況を反映してこの主題を論じた本書は、マルクス論を先立て、資本主義と社会主義の機能、社会主義と民主主義の関係、社会主義政党の歴史などの広範な議論を後に随えている。経済分析を下敷きにして政治学の領域に切り込んでいった民主主義論は、ダール(→96ページ)のポリアーキーの概念に影響を与えた。

◇注目点❶ 「資本主義は生き延びることができるか」「否、できるとは思わない」

シュンペーターは、資本主義の本質を動態的な「発展」に求めた。企業家の遂行する「革新」ないしは「創造的破壊」が、その機動力である。だが、資本主義の発展に伴い、企業が大規模化すると、本来の「革新」の担い手であった個々の企業家の活力が失われていく。資本主義は、人々の生活を豊かにしたが、この「資本主義の非常な成功」が資本主義を衰退させ、自ずと社会主義への道を準備することになる。その「生産手段および生産自体に対する支配が中央当局にゆだねられている」社会主義は、企業家の「革新」の活力は欠いているが、競争市場における価格決定原理に本質的に依拠することにより、少なくとも理論的には資本主義と同等の効率的な資源配分を実現する可能性がある。社会主義は「もちろん機能しうる」のである。

◇注目点❷ 民主主義は、それ自体「目的」でも「理想」でもなく、「手段」である

こう考えると、両経済体制の優劣は経済学とは別の尺度を持ち出さないと判断できないであろう。こうして、政治学の領域である民主主義論に足を踏み入れることになる。マルクス派は「社会主義以外においては真の民主主義はありえない」と主張するが、この主張の是非は、民主主義の概念規定のいかんによる。そこでシュンペーターは、ルソー(→20ページ)、ミル(→32ページ)、ベンサム（J.Bentham,1748-1832）を念頭に18世紀の「古典的民主主義学説」の検討に入っていく。それによると、「民主主義的方法とは、

政治的決定に到達するための一つの制度的装置であって、人民の意志を具現するために集められるべき代表者を選出することによって人民自らが問題の決定をなし、それによって公益を実現せんとするものである」。

この学説の説明は、「『人民』が個々のあらゆる問題について合理的な確たる意見を持って」いることを前提としている。その上で「『代表』を選び、代表に実行を託すという形でそうした意見を実現する」という。しかし、そもそも「すべての人民が一致しうるか、あるいは合理的な議論の説得力をもって一致せしめるような、一義的に規定された公益なるものはまったく存在しない」。ありもしない「公益」の実現を目指して、その実現を託す「代表」を選ぶというのは、現実の民主主義の姿ではない。

❖ 注目点❸ 競争こそ民主主義の本質である

そこでシュンペーターは、代表の選出を第一義的な、また、人民に政治的決定権を授けることを第二義的な目的とした「もう一つの民主主義理論」を提示する。彼が規定する民主主義的方法とは、「政治決定に到達するために、個々人が人民の投票を獲得するための競争的闘争を行なうことにより決定力を得るような制度的装置」である。

民主主義とは、支配者たらんとする人々が、人民の票をかき集めるために競争することに他ならない。人民には、「彼らの支配者たらんとする人を承認するか、拒否するかの機会が与えられている」のみである。

シュンペーターによれば、人民の役割は、政府をつくり出すことに限定される。民主主義とは人民の人民による統治などではなく、「政治家による統治」なのである。

❖ 注目点❹ 社会主義と資本主義のいずれで真の民主主義が実現するか、という論争は不毛

こうしてシュンペーターは、特定の理念を実現すべきものとしての民主主義という観念から完全に脱却した。彼は民主主義を一つの制度と捉え、それを特定の経済体制から切り離した。だから、条件が揃えば、どちらの体制でも導入可能なのであり、資本主義下での民主主義（＝ブルジョワ民主主義）とマルクス派の主張の対立も相対化されよう。社会主義と民主主義は両立しうるのだが、仮に社会主義で民主主義を採用する場合、民主的な手法を使いこなす条件がどこまで整っているのかが重要で、実際には「社会主義的民主主義は、かつての資本主義的民主主義よりもはるかに見かけ倒しのものになり終わるかもしれない。」──彼は、分析的な結論をこう締めくくった。

❖ テキスト

中山伊知郎・東畑精一訳『資本主義・社会主義・民主主義』（東洋経済新報社、1962年/1995年〔新装版〕）、大野一訳『資本主義・社会主義・民主主義』Ⅰ・Ⅱ（日経BP社、2016年）。引用には、前者を用いた。中山・東畑訳を推奨するが、やや文体が近づき難いかもしれない。本と人との間にも相性というものがあるから、そう感じてしまう読者には大野訳が適している。

（武藤 功）

隷従への道

ハイエク Friedrich August von Hayek, 1899-1992
The Road to Serfdom : 1944

 オーストリア＝ハンガリー帝国出身の経済学者、哲学者。ウィーン大学で博士号（法学・政治学）取得。第二次大戦前に渡英、LSE（本文参照）教授。戦後、シカゴ大学、フライブルク大学、ザルツブルク大学教授を歴任。1974年ノーベル経済学賞受賞。

『隷従への道』
（村井章子訳,日経BP社,2016年）

全体主義を避けるため「富の再分配」ではない真の自由主義に回帰せよ

◇内容

　第二次世界大戦で、ナチズム・ファシズムとの闘いに勝利した民主諸国は、自由主義の旗印を掲げてはいたが、それは西欧（主に英仏）の古典的な自由主義・個人主義とは異なり、富の再分配を行ったり、完全雇用を目指したりするなどの、進歩的な社会主義的傾向が強い国家となっていた。それらの国家は、結局のところナチズムを生んだドイツと同じ道をたどる運命にある、それを避けるためには自由主義、個人主義に回帰するしかない、——というのが、論点は多岐にわたるが、本書の内容である。

　オーストリアとイギリスで学究生活を送り、執筆当時は社会主義の牙城であったLSE（ロンドン・スクール・オブ・エコノミクス〔London School of Economics and Political Science〕）教授のハイエクの観察とそこから導き出された明哲な論理は、80年後の現代を分析するに際しても、極めて有意義なものである。

◇注目点❶ 自由主義と個人主義

　本書は、19世紀に確立した西欧的な自由主義こそが真に進歩的な発展の鍵である、という論理を議論の根幹としている。自由主義は個人主義の基盤に拠っており、その政治制度は、個人主義的制度である民主主義ということになる。また、経済体制としては資本主義であり、これも個人主義的仕組み、すなわち市場経済である。

　しかしながら20世紀に入ると、経済的格差などに対して「積極的」に是正することをしない自由主義にあきたらないといった思想や、自由主義をわがままと捉えるような風潮も強くなってきた。「世紀の転換期頃に自由主義の基本的教義に関する信念が益々放棄されることになった」とハイエクは言う。

◇注目点❷ 社会主義と全体主義

　西欧から自由主義や個人主義が広まり行く最中、「1875年頃から1925年頃」にドイツで取り入れられ、確立した社会主義は「個人を単なる社会の一員と見做す」ものであった。したがって、社会主義の政治制度は全体主義とならざるを得ない。

また、経済システムとしては計画経済・集産主義に至るのであり、これも全体主義的仕組みとなる。共産主義、ファシズム、ナチズムというのはこれらの派生形となる。

社会主義思想は、20世紀になるとイギリスなど西欧に入り込んで来て、イギリスの自由主義者に影響を与えることとなる。

◇ 注目点❸ 誰と誰とが闘っているのか

本来であれば、自由主義は全体主義と対立する。したがって、ナチズムに自由主義陣営が勝利したということは、自由への道を手に入れたことを意味するはずである。ところが、勝利した自由主義陣営の中身は、自由主義に対する批判と社会主義の影響を受けた進歩派に置き換わっており、もはや古典的な自由主義者ではなかった。

ハイエクは「西欧の国民はドイツの思想を輸入し続けて、彼ら自身の以前の信念が単なる利己心の合理化に過ぎず、……イギリスとアメリカの政治的理想は救いようのないほど旧式化し非難されるべきものとなった」と言う。だからこそ「ファシズムやナチズムの勃興が前の時代の社会主義的傾向に対する反動ではなくて、その必然の結果である」という指摘が、大いなる警鐘たり得たのである。

かくして、本来の自由主義が忘れ去られた大戦後の自由主義陣営が推し進める進歩主義的政策は、"自由への道"ではなく"隷従への道"となる。ハイエクは平等について、「民主主義は自由の中に求める、社会主義は干渉と隷従の中に求める」と述べているが、計画的強制的に富の再分配をして平等を実現するのは、"隷従"の行動様式である。

誰と誰の戦いなのか、——これに対する答えは、"自由主義者（社会主義者）"と"真の自由主義者"との戦い、ということになるであろう。

◇ 注目点❹ 現代社会を見つめ直す"レンズ"として

20世紀を通じて先進諸国を中心に「福祉国家化」が進行し、現代はその極みともいう状態にある。このことは、高福祉高負担を、国民が民主的な政治制度の下に選択してきた結果である。しかしながら、今の公共政策が「市場体制に対し補足的な役割を果たす、すべての人に与えられる保証」の範囲内で行われているか、今こそ吟味してみる必要があるだろう。

「個人の行動が一定の規則によって束縛せられる範囲を、常に狭くしたこと」が、現在に至るまでの文明の発展をもたらした、というハイエクの指摘は今日においても当てはまるのではないか。細心の注意を払いつつ"レンズ"として活用すべきではないか。

◇ テキスト

読みやすさの観点から、初学者ならば日経BPクラシックス版（村井章子訳、2016年）をすすめる。本格的に勉強したいならば、東京創元社版（一谷藤一郎・一谷映理子訳、1992年）を読むこと。

（佐藤公俊）

ピープルズ・チョイス

ラザースフェルド Paul Felix Lazarsfeld, 1901-1976
ベレルソン Bernard Reuben Berelson, 1912-1979
ゴーデット Hazel Gaudet-Erskine, 1908-1975

The People's Choice: How the Voter Makes up his Mind in a Presidential Campaigns;1944

著者
[P.F.L.] オーストリア出身の社会学者、社会心理学者。コロンビア大学教授。
[B.R.B.] 米国の行動科学者。コロンビア大学教授、シカゴ大学教授を歴任。
[H.G.E.] 米国の社会学者。コロンビア大学応用社会調査研究所研究員、戦争情報局分析官。

『ピープルズ・チョイス
――アメリカ人と大統領選挙』
(有吉広介監訳、芦書房、1987年)

投票行動研究とマス・コミュニケーション研究への大きな足跡

◇ **内容**

　ラザースフェルドらのコロンビア・グループ(ロックフェラー財団の支援を受けてコロンビア大学に設けられた応用社会調査研究所のメンバー)が著した本書は、1940年のアメリカの大統領選挙の際に実施した調査に実証的投票行動研究を加えた研究成果である(選挙は、前年に始まった第二次世界大戦が続くなかで、民主党現職のルーズベルトが、共和党新人候補ウィルキーを破り、史上初の3選を果たした〔1944年に4選を達成〕)。この研究は本格的な投票行動研究の嚆矢であるが、記述は平易で読みやすい。

　本研究の焦点は、大統領選のキャンペーン期間において、投票者がどのようにして投票決定を行っているのか、について解明することにあった。そして、「比較的最近まで公式の投票記録が選挙についての唯一の利用できる資料であった。しかし、それは政治的気質の地理的分布についての研究には役立ったものの、それ以上のなにものでもなかった」(p.52)として自ら社会調査を実施してデータの収集を行った。

◇ **注目点❶**「投票者の社会的特性が政治選択を決定する」

　調査は1940年5月から11月までの期間、同一の調査対象者に対して、毎月調査を実施するパネル調査が用いられた。パネル調査の最大の利点としては、個々の意識の変化を調べることができることにあった。調査地として中西部オハイオ州のエリー郡(北米五大湖の一つエリー湖に面した地域。1940年当時の人口は約43,000人とされる)を選んだ。その理由としては、20世紀に行われた大統領選挙の得票率に関してエリー郡が全国的な得票動向に近いこと、調査員をきめ細かく管理できるほど小さいこと、などが挙げられている。

　本書では「人間とは、自分の社会的境遇に合わせて政治的な考えを持ち、したがって、投票者の社会的特性が政治選択を決定するのである」(p.80-81)　という見方のもとに社会学的アプローチを採用した。そして投票行動の規定要因として重要と考えられたのは、社会経済的地位(socio-economic status：SES)、宗教、および居住地域であった。

◇注目点❷「交差圧力」が解き明かす有権者の投票決定の傾向

　社会経済的地位に関しては、被調査者の社会経済的地位を、評価材料としては回答者の住居、財産、外見、言葉遣い、などからと調査員が分類した。社会経済的地位が高いほど共和党支持傾向が強くなると考えた。宗教に関して、プロテスタントは共和党支持傾向、カトリックは民主党支持傾向が強いと想定した。居住地域について、都市部居住者は民主党支持傾向が強い一方、農村部居住者には共和党支持傾向が強いと考えた。

　そして、これらの各要因を組み合わせて政治的先有傾向の指標（Index of Political Predisposition：IPP）を作成し、ここから被調査者の政党支持傾向を予測する。例えば、社会経済的地位が高く、プロテスタントで農村部居住の場合、強い共和党支持のカテゴリーとなり、社会経済的地位が低く、カトリック教徒で都市部に住んでいる人は民主党支持傾向と分類された。そして、この分類による投票予測と実際の投票行動はおおむね一致していた。

　また、「交差圧力」（クロス・プレッシャー）という概念を提示し、交差圧力を受けている有権者は、最終的な投票決定を先延ばしにする傾向にあることを見出した。交差圧力の例としては、低所得のプロテスタントのように宗教と社会経済的地位の政治的影響力が異なるケース、前回の大統領選と今回の大統領選での投票態度が異なるケース、家族内の政治的関係が分かれている者、などがある。

◇注目点❸「コミュニケーションの2段階の流れ」仮説の提示

　本書の研究では、そのほかマス・メディアの影響力の流れに関する「コミュニケーションの2段階の流れ」仮説が提示された点も注目に値する。

　コミュニケーションの2段階の流れとは、新聞やラジオのようなマス・メディアは集団のなかで主に当該事項に関心の高い「オピニオン・リーダー」に直接的な影響を及ぼす。オピニオン・リーダー以外の関心度がさほど高くないその他の人々は、マス・メディアから直接的に影響を受けるわけではなく、オピニオン・リーダーとの個人的なコミュニケーションを通じて間接的に影響を受ける、という説である。

　これは、受け手全般に対するメディアの直接的影響を重視する「弾丸モデル」に対峙する見解であり、コミュニケーション研究の分野に対しても大きな影響を与えた。

◇テキスト

　ポール・フェリックス・ラザースフェルド、バーナード・ルーベン・ベレルソン、ヘーゼル・ゴーデット＝アスキン『ピープルズ・チョイス──アメリカ人と大統領選挙』（有吉広介監訳、芦書房、1987年）。本稿での引用ページは翻訳本のページである。

（井田正道）

開かれた社会とその敵

ポパー Karl Raimund Popper, 1902-1994
The Open Society and Its Enemies；1945

 ウィーン出身の英国の哲学者。両親はユダヤ系。ウィーン大学で学び、ニュージーランド大学を経て、英国のロンドン・スクール・オブ・エコノミクス（LSE）教授、ケンブリッジ大学教授。

『開かれた社会とその敵』（全4冊、小河原誠訳、岩波書店、2023年）

閉ざされた法則によって立つ全体主義体制への強い抵抗

◇内容

オーストリア出身のポパーは、1937年、ナチズムの脅威を逃れて、ニュージーランドに亡命した。亡命の地で、全体主義に対抗する「戦争への奉仕」として書かれたのが本書である。ポパーは、全体主義の根源に「ヒストリシズム」——人類の歴史には、固有の法則があるとする考え——があると見て、これに対する徹底的な批判を展開している。

◇注目点❶ プラトンが「ヒストリシズム」を生み出した

ポパーが、ヒストリシズムの起源に置くのが、プラトン（→2ページ）である。「プラトンは、イデアとか本質は、生々流転するものに先立って存在し、あらゆる発展の歩みはイデアの完全性からの離脱運動として……説明できると信じていた」。

つまり、プラトンのヒストリシズムは、人類の歴史を、"イデア"と呼ぶ完全なものからの堕落の歴史として描くものであった。もしもこれが歴史の一般的傾向であるなら、「変化は悪であり、静止は神聖」ということになる。国家に関して言うなら、「どんな政治的変化も停止」させ、国家のイデアに近づけるべく、「不一致や腐敗のどんな兆候や萌しであっても可能なかぎり根本から取り除」くことが求められる。そして、それを担うのが、「イデアからなる神的な世界を愛する者であり、見つめる者」である「哲学者」である。「かれは『神的なものをモデルとしてもつ』デザイナーあるいは画家に類似する。真なる哲学者のみが「国家の根本構造を起草できる」のである」。

◇注目点❷ 「ユートピア工学」と「ピースミール工学」の違い

かくして、イデアを知る「哲学者が最初の立法者」として理想の国家の創設に当たるのだが、このような「完全に新しい社会秩序の構想にもとづいて理想の国家を実現しようとする」試みを、ポパーは「ユートピア工学」と呼んでいる。しかし、イデアを知る客観的な方法は存在しないのだから、「地上に天国を作ろうとする」この試みは、「この世をただ地獄」に変えるだけである。これに対して、ポパーが提起するのが、「ピースミール工学」である（"piecemeal"は「少しずつ、ひとつずつ」の意味）。

われわれは、自らの知の不完全性を受け入れ、「社会秩序の一歩一歩の改造を目指す工学」を採用すべきなのである。ピースミール工学者は、「至高の善を嗅ぎまわりその実現を図る」のではなく、「社会における最大のそしてもっとも緊急に排除すべき悪を探し回り、それらを除去しようと試みる」。

❖ 注目点❸ プラトンは政治理論の根本問題をどう考えたか

プラトンが「政治の問題を＜誰が支配すべきか＞」という問いとして立てていることも、政治学的には重要なポイントである。プラトンの与える答えは、もちろん哲学者である。しかし、ポパーの考えでは、「政治についての考察は悪しき政府が生じる可能性」を考慮したものでなければならない。「最上の政府を望みつつも最悪の指導者に備え」を怠らず、「悪しきあるいは無能な支配者があまりにも大きな害をひき起こしえないように政治諸制度を組織する」ことを考えるべきなのである。

❖ 注目点❹ マルクスはプラトンのヒストリシズムを継承している

マルクス（→30ページ）は、プラトンのヒストリシズムを継承し、資本主義の崩壊から共産主義へ至る過程を歴史法則として描き出している。確かに、当時の資本主義についての「マルクスの社会学的・経済学的分析は、……卓越したもの」である。しかし、「貧困増大という歴史法則を引き出すことに妥当性はない」。なぜなら、「拘束なき資本主義」に対する民主的介入の進展によって、「貧困のほぼ完全な根絶」が可能になったからである。「予言者としてのかれ（マルクス）の失敗の原因は、まったくもって＜ヒストリシズムの貧困＞、すなわち、今日観察した歴史の傾向とか歴史の潮流が正確に明日もそうつづくかどうかはわからないという単純な事実にある」のである。

❖ 注目点❺ 歴史の意味を作り出すのはわれわれである

ヒストリシストが見落としているのは、「歴史の事実を選択し、秩序づけているのはわれわれである」ということである。歴史には目標もなければ、意味もない。しかし、われわれは、歴史に目標を課し、意味を与えることができる。書名に使われている「開かれた社会」とは、そのような「個人が個人的な決定と向き合う社会秩序」を指している。

❖ テキスト

邦訳は複数あるが、最終確定版と言えるドイツ語版から翻訳された、岩波文庫版（小河原誠訳、2023年、全4冊）を推奨する。本稿の引用も、同書から採った。とはいえ、本書は大部なので、ポパーみずからヒストリシズムの問題を理論的に解明しようとしたコンパクトな『歴史主義の貧困』（岩坂彰訳、日経BPクラシックス、2013年／原著：*The Poverty of Historicism*, 1957）から入るのもおすすめである。

（有賀 誠）

経営行動

サイモン Herbert Alexander Simon, 1916-2001
Administrative Behavior: A Study of Decision-Making Processes in Administrative Organization：1947

 米国の政治学者。シカゴ大学卒、同大で博士号。カーネギーメロン大学教授（行政学、心理学、コンピューター・サイエンス）。組織論と共に認知心理学、人工知能および情報科学研究の先駆者。1975年チューリング賞、1978年にノーベル経済学賞受賞。

『新版 経営行動──経営組織における意思決定過程の研究』（二村敏子・桑田耕太郎・高尾義明・西脇暢子・高柳美香訳、ダイヤモンド社、2009年）

官・民の枠を超え「組織」を動かすメカニズムを解き明かす

◇内容

本書"Administrative Behavior"の邦訳名は『経営行動』、副題は「経営組織における意思決定過程の研究」であり、著書のハーバート・サイモンはノーベル経済学賞の受賞者であることから、本書は企業経営者向けに書かれた経営論の書なのかと想像する向きも多いだろう。

しかし本書は、企業組織に限らず行政組織も含めた組織一般における経営（トップマネジメントというよりはむしろ、中間管理職によるものを含めた「管理」行動）を扱った組織論の書である。本書の特質は、官民の組織一般を動かすメカニズムを「意思決定」という観点から解き明かしたところにあり、経済学・経営学のみならず行政学においてもきわめて重要な業績として位置づけられている。

◇注目点❶ なぜ「意思決定」へ着目したのか

まずサイモンは、（1940年代）当時の古典的な組織論、管理論が科学的ではないと批判する。当時は組織の効率を高めるためには、「専門化」（仕事はできるだけ専門分化すべき）、「命令の一元性」（上下関係が明確なピラミッド型にメンバーを配置すべき）、「統制の幅」（部下の数は少数に制限すべき）といった原則に従うべきとされていたが、これらの原則は相互に矛盾する可能性をはらみ、また、測定可能なかたちで定義がなされないため科学的ではないとした。

そこで、サイモンが重視したのが「意思決定」（decision-making）の概念であった。

サイモンによれば組織とは、「意思決定とその実行の過程を含めた、人間集団におけるコミュニケーションとその関係のパターン」であり、組織を科学的に分析するためには、意思決定についての分析が欠かせないと強調した。なお、サイモンにおいて「決定」は「選択」と同義であり、意思決定とは代替的な選択肢の中からの選択に他ならない。

サイモン『経営行動』　63

◇ 注目点❷　「限定された合理性」が「満足化モデル」を提示する

　では、人はどのように意思決定しているのか。サイモンはまず、経済学が想定する合理的な決定とは、①すべての代替的戦略（代替案）を列挙し、②その各々から生ずる結果のすべてを確定し、③価値の体系に基づいてそれらの結果を比較評価し、最善の選択肢を選ぶことであるとする。

　しかし果たして、人は実際にそのような決定を行っているのか。代替案をあますところなくすべて列挙し、その結果をすべて予測することなど可能なのだろうか。

　そこでサイモンが着目するのは、人間行動における合理的側面と非合理的側面との境界である。人間の合理性には限界があるので（限定された合理性：bounded rationality）、最善の選択肢を選べるような理性を持ちあわせていない。

　したがって現実的には、上述の①では代替案はほんの二、三しか心に浮かばないし、②では、結果に関する知識はつねに断片的で、価値は不完全にしか予測できないので、③は想像によらざるをえない。

　つまり、すべての選択肢を調べずに、また、それ以外に選択肢はないのかを確かめることなしに、満足できる、もしくは、まあまあのところを探しているのだと。このように、人は限定された合理性のもとで、効用の最大化ではなく満足化を図る存在であるとして、最大化モデルに対して、満足化（充足）モデルを提示したのである。

　では、個人の意思決定と組織との関係はどのようになっているのか。サイモンは、組織は人間の合理性の達成の土台になるとして、人は組織の中で合理性を高めていくことができるとする。例えば、組織はメンバーに達成すべき特定のタスクを与えることで、メンバーの注意をそのタスクに向けさせる。また、組織は標準的な手続きを確立することで、メンバーが仕事の処理方法を毎回決めることから解放しており、さらにはメンバーを訓練、教化して、組織が用いたい意思決定の基準をメンバーに注入している。そして、組織内には公式、非公式のコミュニケーション経路が存在しており、これに沿って意思決定のための情報が流れてくる。こうしたことを通じて、組織のメンバーの意思決定は、より合理性を高めていくことになるのである。

◇ テキスト

　現在発行中の邦訳「新版」は1997年に出版された原著第4版(初版は1947年)の全訳である(二村敏子・桑田耕太郎・高尾義明・西脇暢子・高柳美香訳、ダイヤモンド社、2009年)。第4版では初版から引き継がれている「本論」部分に加えて詳細な「コメンタリー」(注釈)が全章に付されている。なお、原著第2版(1957年)の邦訳(松田武彦・高柳暁・二村敏子訳、ダイヤモンド社「経営名著シリーズ6」、1965年)は国会図書館デジタルコレクションで無料閲覧できる。

（石上泰州）

国際政治

モーゲンソー Hans Joachim Morgenthau, 1904-1980
Politics among Nations: the Struggle for Power and Peace : 1948

ドイツ出身の米国の政治学者。ベルリン、フランクフルト、ミュンヘン各大学で学び1929年博士号。フランクフルト大学教授時代に、ナチ政権誕生により(ユダヤ系だったため)米国へ亡命。シカゴ大学教授、ニューヨーク市立大学教授。

『国際政治――権力と平和』(全3冊、原彬久監訳、岩波書店、2013年)

国際社会の理念主義を批判し"現実主義"という理想を追求

◇内容

本書は、カー(→78ページ)の『危機の二十年』(*The Twenty Years' Crisis 1919-1939*)と並ぶ、国際政治学成立期の重要文献である。国際政治学が学問として成立した戦間期(第一次大戦と第二次大戦、両大戦の間を指す)は、第一次大戦の反省と再度の大戦争を回避するという政策目的が結びつき、理念に裏付けられた法と制度によって戦争のない国際社会をつくるという目的意識が、国際政治学そのものに強く反映していた。

モーゲンソー(カーも同様)はこのような法、制度、理念で国際政治をつくり変えられるという考え方(理想主義)を厳しく批判し、国際政治は力によって裏付けられているという現実主義の考え方を明確に打ち出した学者の一人である。

その背景には、人間とは何か、人間がつくる政治の性質はどのようなものなのかについての、モーゲンソーの明確な思考があった。彼の現実主義は、現実をそのままなぞったものではなく、人間と国際社会についての特定のイメージに裏付けられている。「現実主義」とは、特定の理念に裏付けられているという意味で、別種の「理想主義」ともいえる。

◇注目点❶ 「国益を追求する手段が力」ではなく「力が国益を定義する」

モーゲンソーにとって、国際政治の基本的な構造は明確である。それは国際政治を形成する主体は国家であること(本書の原題は、*Politics among Nations*、つまり"諸国民間の政治"である)、国家の行動原理は国益の追求であること、国益とは自国の力を拡大するという意味であること、である。

「国益を追求する手段が力だ」、というのであればわかりやすい。しかし、モーゲンソーは「力が国益を定義する」という。これは本書、そしてモーゲンソー自身の学術的目的が、理想主義批判であるということを理解できないとわからない。

理想主義は、戦争の廃絶あるいはその他の特定の理念を実現することを目的とする。

そうした理念を実現するために、法と制度を構築する。それがうまくいけば、理念＝目的が達成される。しかし、モーゲンソーはそのような問題の立て方を拒否する。

モーゲンソーは、国家の最重要の目的は自己保存であるとする。国際政治は上位の権力を持たず、それぞれの国家が並立する社会である。各国はそれぞれ軍備を保持し、より上位の主体に服従することはない。このような状態では、各国は自力によって自国の主体性を維持する必要がある。このような各国の政策が生み出すものが「バランス・オブ・パワー（勢力均衡）」である。各国は自国の自律性を確保するためにバランス・オブ・パワーを追求し、その結果、力を求めることになる。この論理を理解しなければ国際政治を理解することはできないのである。

◇ 注目点❷ バランス・オブ・パワーの管理で「力」の行使をコントロールせよ

モーゲンソーにとって、第一次大戦後の国際法や国際連盟（1920年設立）によって平和が得られるという国際社会の"理想主義＝理念主義"こそが、ナチ政権のドイツに対する対応を誤らせ、第二次大戦への道を開いた。同様に、第二次大戦後の米ソ冷戦もまた"反共主義"という理念の追求をアメリカ外交の目的とした点で、アメリカ外交を誤らせるものだった。

モーゲンソーが、国際政治は力の政治であるといったことの目的は、国際政治を理念の支配から解放し、バランス・オブ・パワーの追求とその管理に集約することにより、国際政治における力の行使をコントロールしようとすることであった。

理念のために力を使うことは、抑制なき力の行使をもたらす。そのことは逆に際限なき力の乱用を生み出し、自国の力を消耗させ、結果的に自国の安全と国際社会の安定を危険にさらすことになる。モーゲンソーにとっては、反共主義も、ベトナム介入も、そうした理念のための抑制を欠いた力の行使であり、そうした理念の支配から国際政治を解放することがモーゲンソーの現実主義の立脚点なのである。

◇ テキスト

本書には複数の翻訳がある。原著そのものが1948年の初版以後、頻繁に改訂され、著者没後に改訂された版を含めると第7版まである。日本語訳は伊藤皓文・浦野起央訳『国際政治学——力と平和のための闘争』（アサヒ社、1963年）が原著第3版から、現代平和研究会訳『国際政治——権力と平和』（福村出版、1986年）が原著改訂第5版からの翻訳である。

著者の生前最後の版である1978年の原著改訂第5版が良く、福村版を基にした岩波文庫（全3冊、原彬久監訳、岩波書店、2013年）が読むべき版である。

（永山博之）

権力と社会

ラスウェル Harold Dwight Lasswell, 1902-1978
カプラン Abraham Kaplan, 1918-1993
Power and Society: A Framework for Political Inquiry : 1950

著者　[H.D.L.]行動論的政治学の先駆者、シカゴ学派の中心人物で本書の主著者。
[A.K.]専門の言語哲学の面から本書に協力した哲学者(ウクライナ出身)。

『権力と社会──政治研究の枠組』(堀江湛ほか訳、芦書房、2013年)

権力の分析と記述に重点におく「政治学用語定義集」

◇内容
　伝統的政治学からの脱皮を図り、行動論的政治学の樹立を推進したラスウェルの学問的集大成と見なされる著作。言語哲学者カプランの協力を得ていることで、著作の様式に工夫(くふう)がなされているのも大きな特徴。タイトルにある権力の分析・記述が重点だが、「政治学用語定義集」とも言われるように、政治学全般が扱われている。

◇注目点❶「意志決定への参加」としての権力
　ラスウェルは、権力を「意志決定への参加」と定義したが、意志決定(decision)とは「実効性ある方針の決定」であり、「価値付与(ふよ)」と「価値剝奪(はくだつ)」が、その実効性を裏付ける。人が欲しがるものを与えることで影響力を行使するのが価値付与で、嫌(いや)なことをすると脅(おど)すことで行使するのが価値剝奪である。

　彼は価値を細かく分け、多様な組合せを論じている。抽象度の高い用語が用いられているので、注意が必要だ。権力行使には目標と手段とがあり、目標については領域価値(scope value)、手段については権力基底(power base)と呼んでいる。組合せの分析は、例えばこうである。投票における買収や、官職をカネで得る猟官運動は、富(とみ)を手段(権力基底)とし、権力増大を目標(範囲価値)として行使される権力、となる。

　また「意志決定」とは、方針の決定だけでなく、決定したことの適用も含むものとされている。立法や行政だけでなく、司法もまた意志決定に参加している、とされる。裁判所も憲法の解釈などで意志決定に参加しているというのだ。また、方針により影響(こう)を被る人もまた、「方針に従ったり、無視したりすることで……方針が意思決定の内実あるものとなるかどうかを決めるのに一役(ひとやく)かっている」としている点に独自性がある。

　このように意志決定について無視されやすい側面をも、権力現象の一面として視野に入れているのが、彼の権力論の特徴である。

ラスウェル、カプラン『権力と社会』　67

◇注目点❷　「関係概念」としての権力論の体系化

　権力の概念については、フリードリヒ（Carl Joachim Friedrich、1901-1984）の「実体概念」と「関係概念」が有名だ。実体概念は、強制力の所有者が一方的に権力を行使するとするもので、ホッブズ（→14ページ）、マルクス（→30ページ）が代表者だ。一方、関係概念は、権力現象の合意の要素をも重視し、権力者と服従者の間に相互作用があるとする。ロック（→16ページ）やダール（→96ページ）が代表的な論者だ。

　上記のように、ラスウェルは影響力の基盤を「権力基底」とよび、それを精緻に論じた。先のように、選挙での買収は富を基底とする権力行使とされた。ここに着目して、日本では高畠通敏氏（1933-2004）らが、フリードリヒのいう実体概念に立つものとした。そして、それが長く支配的解釈となっていた。

　権力基底としての「富」は理解しやすい。身体に暴力を加える権力手段も想像しやすいだろうが、ラスウェルの用語は極めて抽象的で、簡単に理解はできない。例えば、暴力の権力基底は「身体健全・安寧」（well-being）と呼ばれている。「肉体的安寧と安全に対する価値剥奪」たる暴力は、「非常に厳しい制裁」だ、とある。

　さらに、それ以上に重要なのは、権力基底に富などだけでなく、尊敬や愛情をも挙げている。「尊敬を基底とする影響力の最も重要な形態の1つはカリスマである」とある。愛情については、王に対して王妃が及ぼす影響力を挙げている。

　このような文章を読み込んでいくと、関係概念に近いのではないかという疑問が湧いてくる。そして、邦訳が出るに及び、関係概念との解釈が有力になった。フリードリヒ自身も著書（邦訳『比較立憲主義』、1979年）で、明らかにラスウェルをさして「権力とは関係であり、所有物ではないという考え方を受け入れている」と明言している。ラスウェルの説は関係概念と捉えてよかろう。その部分を引く。

　「権力は本書では単純な所有物としてではなく、関係として定義される。……政治的意味での権力は、意図された影響を創り出す能力のことを一般にいうのではなく、他の人間に直接及ぶような影響としてのみ考えられうるのである。つまり政治権力は、他の人間に対する権力として、自然に対する力から区別されるのである。フリードリヒは……『それ〔権力〕は一種の人間間の関係である』と定式化して、この点を強調した」。

◇テキスト

　邦訳は、『権力と社会——政治研究の枠組』（堀江湛・加藤秀治郎・永山博之訳、芦書房、2013年）。かなり難しい上級者向けテキストであり、簡単には理解できないかもしれないが、ゆっくり丁寧に読みたい。熟読に値する内容豊かな現代の古典である。

（加藤秀治郎）

孤独な群衆

リースマン David Riesman, 1909-2002
The Lonely Crowd：1950

 米国の社会学者。ハーバード大学で生化学を専攻後、法学部に学び弁護士資格を取得。最高裁判所判事秘書などを経て研究職に転じ、シカゴ大学教授、ハーバード大学社会科学教授、同大学名誉教授。

『孤独な群衆』
(全2冊、加藤秀俊訳、みすず書房、2013年)

出生と死亡のバランスから分析された大衆社会論

◇内容

　本書は、社会的性格の視角からの大衆社会論として広く読まれた名著のひとつである。社会的性格については「異なった地域、時代、集団にぞくする人間の社会的相違についてである」(本書上巻p.86)と述べられ、基本的に後天的に形成される性格とした。社会的性格については、国民性研究のように特定の地域を基準として論じられることが多いが、リースマンは出生と死亡とのバランスという人口に関する状態を基準とした。そして「人口の潜在的高度成長期」、「人口の過渡的成長期」、「人口の初期的減衰期」の3つに区分して考察を加えていく。

◇注目点❶ 伝統的共同体社会→多産少死社会→少産少死社会という3段階の分析

　「人口の潜在的高度成長期」は停滞的な伝統的共同体社会であり、この段階にある社会は出生率も死亡率も高く、初版が発行された1950年当時は、全人類の半数以上がこの状態にあったという。次の「人口の過渡的成長期」とは、多産少死社会であり、したがって人口が急速に増加する段階でもある。これは、死亡率が出生率よりも先に低下することからはじまる。死亡率の低下の要因としては、保健衛生の向上、交通通信の改良による食糧供給源の拡大、さらに嬰児殺しのような同種殺戮の減少、などが挙げられる。そして「人口の初期的減衰機」とは、死亡率の低下に続く出生率の低下による少産少死社会である。産業構造としては、農林業業者のみならず製造業従事者も減少する状態でこの段階に入る。また、いわゆる消費社会の段階でもある。

　リースマンは、これら3つの段階のそれぞれの社会的性格を生き生きと描いていく。

◇注目点❷ 所属集団に対する同調性が特色の「人口の潜在的高度成長期」

　まず、「人口の潜在的高度成長期」の段階では、社会は長期にわたって大きな変動にさらされていない。そこでは人々の所属集団に対する同調性を特色とし、行動の基準は過去から続いてきた伝統や慣習に求められる。そして、伝統指向の人間は自分を個性化された個人としてみることがほとんどなく、自分の運命を自分でつくることが

できる、などとは考えていない。政治に対してはかかわり意識が希薄な無関心の態度が一般的である。

◇ 注目点❸ 伝統や慣習が行動基準でなくなる「人口の過渡的成長期」

「人口の過渡的成長期」においては、産業構造も大きく変化するので、それまでの伝統・規範・慣習は人々の行動基準としての有効性を失う。そのような社会では幼少期に年長者によって個人の内面に植え付けられた目標（ジャイロスコープ）に従って行動の方向性を決定する内部指向型の人間が中心となる。内部指向型の人間はまた仕事人間でもある。進取の気性に富む内部指向型人間の政治意識は「道徳屋」として特徴づけられ、政治への関心や情緒的思い入れが強く、政治を自分の利害を守るものとして真剣に考える傾向にある。

◇ 注目点❹ 他人の行為や願望が重要になる「人口の初期的減衰期」

「人口の初期的減衰期」において中心となるのは他者指向型人間であり、行動の基準として他者が重要になってくる。ここでいう他者とは「同時代人」であり、同時代人のなかには、直接の知り合いのみならず友人やメディアを通じて間接的に知っている人物も含まれる。そして、他者指向型人間は、生涯を通じて「他者からの信号にたえず細心の注意をはらう」（p.112）。伝統指向型も他者指向型もともに行動面での同調性を特色とするが、伝統指向型は行動を意識的に練習するのに対して、他者指向型は「他人の行為や願望にたいしてのおどろくべき感受性によって知らず知らずのうちに身についてゆく」（pp.112-3）という。他者指向型の政治意識は「内幕情報屋」が多く、政治情報をよく知っている一方で政治に対して距離感も抱いており、権力批判のパトス（情感・情念）が欠如している。

◇ 注目点❺ 日本人には「他者指向型性格」の柔軟性があると評価

日本人に関しては、その高い同調性を特色とすることから他者指向型と捉えられることが多く、リースマンが1961年に訪日した際も多くの学者や批評家たちが日本人は他者指向的であるとして批判的に語っていたという。それに対してリースマンは、「狂信的で排外的で、他人のことをいっこうに気にかけない態度を、日本人がすでに克服したということにほかならないのではないか」（p.4）と述べ、日本人が有する他者指向型性格の柔軟性は評価されてよいと述べていたことも付け加えておきたい。

◇ テキスト

デイヴィッド・リースマン『孤独な群衆〔上・下〕』（加藤秀俊訳、みすず書房〔はじまりの本〕、2013年〔改訳版。最初の加藤訳の初版は1964年刊〕）。引用ページはすべて邦訳書上巻のページである。

（井田正道）

政党社会学

デュヴェルジェ Maurice Duverger, 1917-2014

Les Partis Politiques（仏）；1951

著者 フランスの政治学者。ボルドー大学卒業。ポワティエ大学、ボルドー政治学院を経てパリ大学教授（政治学・経済学）、同名誉教授。1989〜1994年、イタリア共産党（左翼民主党）に推され、欧州議会議員を務めた。

『政党社会学
――現代政党の組織と活動』
（岡野加穂留訳、
潮出版社、1970年）

選挙制度と政党制は、現実の政治にどう関わっているのか

◇**内容**

本書は、政党制度と国家における政党の地位の研究であり、「政党の構造」と「政党制」を中心に構成されている。政党の構造では「政党組織」、政党の「党員」や「リーダーシップ」等が論じられている。また、政党制においては、「政党の数」や「政党の強弱度と同盟」「政党と政治体制」等が論じられている。

◇**注目点❶ 政党の類型化の試みと選挙権の拡大にともなう政党組織の変化**

デュベルジェは、政党とは「全国にわたって散在する小集団の連合であり調整的な制度によって結合される統合体である」とする。その上で、政党の基礎的な構成要素として「地方幹部会」「支部」「細胞」「民兵」という組織をあげ、これらを基に政党の類型化を試みている（邦訳書〔以下同〕pp.33-34）。例えば、「幹部政党」と「大衆政党」の類型があげられる（ただし、こうした政党の類型分析の考え方は、ウェーバー（→40ページ）が「名望家政党」「大衆政党」として説明しており、デュベルジェの創見ではない）。

本書では、政党組織の重要な変化の一つとして、1890年と1900年との間に、社会主義政党が、「地方幹部会」に代わり「地方支部」を創立したことが指摘されている（p.21）。地方幹部会とは、選挙権が制限される中で形成された組織であり、この組織を基礎とする政党を「幹部政党」として位置付ける。幹部政党は、有力な著名人を集め、選挙や議会における連携を中心に活動しており、閉鎖性が高いという特徴を有する。

その後、選挙権が拡大される中で、大衆を組織することを目的に活動する政党が誕生する。デュベルジェは、これを「大衆政党」と位置付ける。大衆政党は、「支部」を基礎として組織される。その目的は、労働者に政治教育を行い、その中から政治や行政を担うエリートを選出することにある。また、政治活動は、党員が納付する党費を基礎に行われる。大衆政党は、幹部政党とは異なり、党への参加が広く認められており、開放性が高いという特徴を有する。

デュヴェルジェ『政党社会学』　71

◇注目点❷ なぜ「小選挙区制」は「二党制」をもたらすのか

　デュヴェルジェは、本書において政党制についても詳述している。その際、「政党制は各国の複雑な要因（歴史、社会・経済構造、人種構成等）の産物」としつつ（p.226）、一般的な影響として「選挙制度」に着目し、議論を展開する。

　まず、「単純多数一回投票制度」（以下、「小選挙区制」と表す）と「二党制」の関係を、イギリスの事例等を示し、論じている（pp.240-251）。デュヴェルジェは、小選挙区制が二党制をもたらすメカニズムの説明に際し、「機械的自動的要因」と「心理学的要因」に着目する。機械的自動的要因は、「第三党」（得票に比例して議席数が非常に少ない政党）の過少代表に起因する。第三党は、票を獲得しても議席の獲得につながらないことから、「選挙制度が自分たちに対して不公平な結果をもたらすことを機械的に考える」ようになるのである。さらに、心理学的要因は、有権者が第三党に投票し続けると、やがて自分たちの票が無駄になったことを悟り、二つの大きな政党の中で次善の選択肢に投票を委譲する傾向が出てくることを指す。

　このように、機械的自動的要因と心理学的要因を踏まえて、イギリスにおいて小選挙区制が自由党を排除し、保守党と労働党による二党制が確立された事例を示しつつ、メカニズムの妥当性が検討されている。

◇注目点❸ なぜ「比例代表制」は「多党制」をもたらすのか

　本書では、比例代表制が多党制をもたらすメカニズムも検討されている。デュヴェルジェは、「比例代表制と多党制とは常に一致するということは確実」とみなしている。なぜなら、小選挙区制において生じやすい第三党の過少代表が、比例代表制の下では生じにくいからである。比例代表制の下では、あらゆる政党の得票の割合と議席の割合の不均衡が解消される傾向にある。そのため有権者は、第三党や第四党（の候補者）への投票が無駄にならないことを理解でき、次善の選択肢に投票する誘因をもちにくい。さらに政党も、候補者擁立に際し、選挙区を取捨選択したり、当選可能性が低い候補者の擁立を控える必要性も低くなる（pp.268-278）。こうした有権者や政党の選択の帰結として、比例代表制の下で多党制が確立されると論じている。

　以上の「注目点❷」「注目点❸」の分析は、その後、選挙制度と政党制の関係性を説明する、いわゆる"デュヴェルジェの法則"の根拠とされた。

◇テキスト

　邦訳は、岡野加穂留訳『政党社会学——現代政党の組織と活動』（潮出版社、1970年）がある。なお、本書と関連して本人の補遺の論文があるので、参照をおすすめする。「デュヴェルジェの法則——40年後の再考」（加藤秀治郎編訳『選挙制度の思想と理論』所収、芦書房、1998年）。

（重村壮平）

現代政治の思想と行動

丸山眞男 Maruyama Masao, 1914-1996

昭和31・32（1956・57）年

 日本の政治学者、政治思想史家。東京帝国大学法学部政治学科卒業。同大学助教授時代、陸軍二等兵として召集。戦後、東大法学部教授、同名誉教授。60年代以降、発言が注目され、著作は専門研究を超え広く読まれた。

『〔新装版〕現代政治の思想と行動』
（未來社、2006年）

人間の精神の解放を阻害する、あらゆる束縛を批判

◇ **内容**

本書は「現代日本政治の精神状況」「イデオロギーの政治学」「政治的なるもの」とその限界」の三部構成となっており、"丸山政治学"といわれたその思想の全体像を把握する上で重要な位置づけとなっている。

◇ **注目点❶「超国家主義」と天皇制に対する批判**

「超国家主義」は、丸山政治学の中でも最も有名な用語であり、概念の一つといえる。丸山は日本政治における精神性を、国家主義（ナショナリズム）を超えたものと位置づける。

丸山によれば、西欧における近代国家とは「中性国家」であり、真理や道徳といった「内容的価値に関して中立的立場」をとる。そして、価値の選択と判断は教会などの社会的集団や個人の良心に委ね、「国家主権の基礎をば、かかる内容的価値から捨象された純粋に形式的な法機構の上に置いている」とする。

つまり、「思想信仰道徳の問題は「私事」としてその主観的内面性が保証され、公権力は技術的性格をもった法体系の中に吸収された」という。換言すれば、「公」と「私」とは明確に分離されたものであった。

これに対して日本は、近代国家の形成過程において「国家主権の技術的、中立的性格を表明しようとしなかった」。その結果、日本の国家主義は、個人の内面においても立脚するものとして成立し、「国家主権が精神的権威と政治的権力を一元的に占有する」という「超国家主義」が出現したとする。

丸山は、そのような精神性を生んだ淵源を天皇制に求める。

丸山によれば天皇は、「超国家主義にとっての権威の中心的実体であり、道徳の泉源体」であり、天皇という「究極的実体への近接度」が「全国家機構を運転せしめている精神的機動力」となっているという。つまり日本という国家は、「全国家秩序が絶対的価値体たる天皇を中心として、連鎖的に構成され、上から下への支配の根拠が天皇からの距離に比例」したものとなる。

◇注目点❷ 「無責任の体系」とこれに対する批判

　丸山はさらに、本書中の「軍国支配者の精神形態」において、東京裁判（極東国際軍事裁判、1946～48年）の記録を用いながら、「日本ファシズム」においては、軍部・官僚ともに自らの責任はないとする「無責任の体系」が見られたと指摘する。

　すなわち、「日本の「重臣」其他上層部の「自由主義者」たちは天皇及び彼ら自身に政治的責任が帰するのを恐れて、つとめて天皇の絶対主義的側面を抜きとり、反対に軍部や右翼勢力は天皇の権威を「擁し」て自己の恣意を貫こうとして、盛に神権説をふりまわした」というのである。こうした言説からも、丸山の天皇制に対する批判的な姿勢が見て取れる。

　しかし、「無責任の体系」については、丸山が根拠とした東京裁判の記録を歪めて引用していたという研究も近年発表されている（牛村圭『「文明の裁き」をこえて──対日戦犯裁判読解の試み』中央公論新社、2001年）。また、「日本ファシズム」という言説についても批判がある。ただし、丸山の意図するところは、日本人が自らの主体的意識を獲得していくために何が必要か、を明らかにすることにあり、そうした点において、自由主義者としての丸山の一側面が見て取れる。

◇注目点❸ 自由主義者としての丸山──"イデオロギーへの固執"を批判

　こうした天皇制批判の一方で丸山は、マルクス主義についても批判する。

　「マルクス主義のもつ体系性とその党派性の見解が……自己を一つの閉鎖的な完結体として表現する傾向が強く、そのために、特定の政治状況に制約された精神傾向なり政治的手段までも「世界観」自体のなかに繰り入れ、もしくは一切を「闘争」の必然性によって合理化しやすい。そうした傾向が今日まで異なった学問的立場とのコミュニケーションを阻害して来たばかりか、実践の場においても、政治的手段の自主的コントロールを困難にし、結果において反共論の「全体主義化」をいよいよ促進したことは否定できない」とする。

　つまり、丸山が批判したのは、人間の精神の解放を阻害する「ナショナリズム・軍国主義・ファシズム」、そしてイデオロギーへの固執であったといえる。

　こうした丸山の思想は時として、日本人の精神性とその遅れに対する批判となって現れることから、"西洋礼賛"あるいは"エリート主義的"との批判を受けることとなる。ただ丸山の意図したところは、つきつめれば、人間の精神を拘束するものからの解放という点で、自由の実現に行き着くものといえる。

◇テキスト

　『〔新装版〕現代政治の思想と行動』（未來社、2006年）。なお、初版（上・下巻、1956・57年）以来、増補版（全1冊、1964年）を経て、現在も版を重ねている。

（真下英二）

パワー・エリート

C.W.ミルズ Charles Wright Mills, 1916-1962
The Power Elite：1956

米国の社会学者。テキサス大学に学び、ウィスコンシン大学で博士号(社会学)を取得。コロンビア大学教授。1960年、革命後のキューバを訪問し、取材(後日『キューバの声』として刊行)。本書を読んでいたというカストロ大統領とも会見。

『パワー・エリート』
(鵜飼信成・綿貫譲治訳、筑摩書房、2020年)

大衆を支配する、政治・産業・軍事の一体化した権力構造を批判

◇内容

ミルズの本書は、1950年代のアメリカ社会の権力構造に対する洞察と、一般市民とエリート層の間の隔絶に焦点を当てた批判的な分析を行っている古典的著述である。

つまり本書では、アメリカ社会が、政治的・経済的・軍事的な権力構造が一体となって構成される「パワーエリート」によって支配され、一般市民はその意思決定において有効な発言権を持っていないとする主張がなされている。

他の時代や地域においての適用が困難という意味で、その主張の一般性や、エリート層および一般市民の多様性の無視、マルクス主義的過剰性、実証的エビデンス(根拠)の不足、などの批判があるものの、その後の政治学や社会学の研究において、権力と階級の関係に対する理解を深める上での重要な理論的枠組みを提供し続けている。

◇注目点❶ 三大権力機関の結集とエリートの形成

ミルズは、政府・産業・軍事の「三大権力機関」が合体してエリートを形成していると指摘している。彼はこれを"Power Elite"と呼び、これが現代社会の支配層であると主張した。「普通一般の人々が行使しうる力は、自分たちの住む日常生活の範囲にしか及ばない。……パワーエリートは一般の男女の生活している日常生活環境を超越しうるような地位を占める人々によって構成されている」。

そして、これらの権力機関が結集することで、政治的決定、経済の方針、および国防政策などに対する集中的なコントロールが行われ、エリートが社会の大部分を支配していると論じた。ミルズによれば、エリートは異なる組織や機関において重要なポジションを占め、情報や権力の流れをコントロールしている。これにより、彼らは単なる個別の組織やセクターの利益を超えて、社会全体に影響を及ぼす力を握っているとされる。本書でミルズは、このエリートが一つの均一な集団として振る舞い、緊密なつながりを持つことで、一般市民に対しても、その意志を強制的に押し通すことが可能になると警告している。

◇ 注目点❷ マス・メディアとパブリック・オピニオンの操作

またミルズは、エリートがマス・メディアを通じて広範なパブリック・オピニオン（世論）を操作し、社会的な意識形成において中心的な役割を果たしていると主張した。

「シンボリックな力」や「マス・メディアの知識層」といった概念を用いて、エリートが情報のコントロールやフィルタリング（制限・選別）を通じて、一般の人々に対して自らの利益や視点を押し付けていると指摘している。マス・メディアがエリートの手中にあることで、エリートは望むかたちでの情報発信が可能となり、大衆の意識や行動に対して影響を及ぼすことが可能となる。それにより、一般市民はエリートが提示する枠組みの中で議論し、意思決定を行うこととなり、実際の民主主義の機能が制約される可能性がある、との指摘である。

注目点❸ エリートの社会的孤立と決定的な役割

さらにミルズは、エリートが一般市民からの社会的な孤立を持ちながらも、彼らが社会の方向性に対して、決定的な役割を果たしていると強調した。

エリートは特殊な教育や訓練を受け、一般市民とは異なる社会的背景を持つことが一般的である。そのため彼らが直面する問題や価値観は「高度な不道徳（The Higher Immorality）」など、大衆とは異なることとなる。この社会的な孤立が逆に、エリートを決定的な存在にしているというのがミルズの主張である。

その結果、エリートは「「同じバルコニーに席を占める」人々」で独自のネットワークを形成し、彼らの興味と目的を共有する仲間たちと連携する。それがさらに、エリートに社会的な影響力をもたらし、一般市民に対しての圧倒的な意志決定力を与えていると主張する。

◇ テキスト

邦訳としては、鵜飼信成・綿貫譲治訳（東京大学出版会）『パワー・エリート』が有名である。1958年に上・下巻（それぞれ「現代アメリカの権力構造」「大衆社会の理論」とサブタイトル付き）で出版、1969年には同じく上・下巻のUP選書版として（サブタイトル無し）で刊行された。現在では、全1冊にまとめられ、ちくま学芸文庫版（筑摩書房、2020年）として出版されている。

（永田尚三）

民主主義の経済理論

ダウンズ Anthony Downs, 1930-2021
An Economic Theory of Democracy : 1957

米国の政治学者。カールトン大学卒業、スタンフォード大学で博士（経済学）。ブルッキングス研究所（ワシントンDCに本部を置くシンクタンク）上級研究員、カリフォルニア公共政策研究所客員研究員を歴任。都市政策研究でも著名。

『民主主義の経済理論』
（古田精司監訳、成文堂、1980年）

政党や有権者の行動を「数理的アプローチ」から説明した先駆け

◇**内容**

　経済のアプローチと政治のそれとは似通っている部分がある。経済学では市場における生産者・企業と消費者の関係をしばしば扱うが、これは政治において、政党や政治家が提供しようとする政策を有権者が選択する行為と原理的には同じである。この点に着目し、政治現象を経済学的な視点で説明しようとした最も著名な研究者の一人がアンソニー・ダウンズであり、本書はダウンズの主著と言ってよい。

　ダウンズ以前の伝統的な政治学においては、仮説に基づいて調査を行い、その結果から理論を導こうとする帰納的な分析方法が一般的であった。これに対し、ダウンズはアクターを合理的な存在、すなわち自己の利益や満足感の最大化を求めて行動する存在として捉え、そこから演繹的に政治現象を分析しようとした。こうしたダウンズの演繹的な手法は数理モデルの構築に重点が置かれ、それにより政党や有権者の行動を説明しようとしていたことから「数理的アプローチ」ともよばれる。

◇**注目点❶「単峰性」の分布の国では政党間の政策的な差異が見えにくくなる**

　このような方法論に基づいたダウンズの理論の中で最もよく知られているのが、有権者のイデオロギー的な分布をもとに政党の行動を説明しようとしたモデルである。有権者は選挙に際し、自分にとって最も納得のいく投票を行うために政党や候補者に関するさまざまな情報を収集しようとする。

　しかし、情報を集めようとすればするほど、時間や労力をはじめとしたコストをかけなければならなくなるため、そうしたコストを最小限に抑えた投票行動を行うために、政党の差異を、例えば＜保守－革新＞といったイデオロギーで捉え、自分のイデオロギーに最も近い政党に一票を投じようとする。他方、政党も選挙における得票の最大化が合理的な行動となるため、有権者の求めるイデオロギーに合わせながら自らの政策を打ち出していくことになる。

　この結果、有権者のイデオロギー分布が単峰性の正規分布に近い状態の場合、政党

は得票の最大化を目指し、保守でも革新でもない、有権者の多い中道寄りの政策に軌道修正を行うようになる。

二大政党制であっても、単峰性のイデオロギー分布の国では政党間の政策的な差異が見えにくくなることが、ここから説明することができる。

◇注目点❷ 「双峰性」の国は二大政党制が固定化されやすくなる

逆に、有権者のイデオロギー分布が双峰性になっており、中道的なイデオロギーを好む有権者が少ないような国の場合、単峰性のケースとは異なり、政党の政策は中道寄りに修正されることは少なくなる。このことは二大政党制が固定化されやすくなるといえる半面、政策形成過程における政党間の歩み寄りが難しくなり、＜保守−革新＞のようなイデオロギー対立が激化しやすいといった問題を生じさせる可能性がでてくる。

「単峰性」の例

「双峰性」の例

「多峰性」の例

[出典]古田精司監督訳『民主主義の経済理論』(成文堂、1980年)より

有権者のイデオロギー分布において、山が3つ以上あるような多峰性の国においては、それぞれの山に合わせるように各党が政策を打ち出してくる傾向が生じるため、多党制になりやすい。宗教や民族的な対立が複雑化しているような国家においては多峰性のイデオロギー分布になりやすいが、そうしたケースでは多党制をもたらしやすいということになる。また、有権者のイデオロギー分布の山の数が政党の数よりも多い場合には、新党が結成され、政界に新たに参入してくる可能性が出てくることになる。

◇注目点❸ 利益を最大化したい企業、選挙で得票を最大化したい政党

ダウンズは、利益を最大化しようとする企業の合理的な行動と、選挙に際し得票を最大化しようとする政党のそれとを同じ分析視角で捉え、政党制や政党の政策変更、新党参入といった政治現象を演繹的に説明しようとしたのである。

このようなダウンズの分析はその後の政治学、とりわけ投票行動研究に非常に大きな影響を与えることになる。ダウンズモデルは、それに影響を受けた多くの研究者によって修正を加えられていくことになるが、そうしたモデルは、実際の政治現象を分析する上で、帰納的な方法論に基づく分析と同等、場合によってはそれ以上の説明力を持つことが認められていくようになる。その点で、数理アプローチを用いたダウンズの分析は、政治学研究において極めて大きな役割を果たしたと評価することができるといえるだろう。

◇テキスト

アンソニー・ダウンズ著、古田精司監訳『民主主義の経済理論』(成文堂、1980年)。

(水戸克典)

歴史とは何か

E. H. カー Edward Hallett Carr, 1892-1982
What is History? : 1961

英国の歴史家。ケンブリッジ大学卒業後、外務省に勤務。「タイムズ」紙副編集長、ウェールズ大学勤務を経て、ケンブリッジ大学フェロー。膨大なロシア・ソ連史研究や、国際政治を論じた『危機の二十年』も著名。

『歴史とは何か〔新版〕』
（近藤和彦訳、岩波書店、2022年）

現在と過去のあいだの終わりのない対話

◇内容

「歴史とは、歴史家とその事実のあいだの相互作用の絶えまないプロセスであり、現在と過去のあいだの終わりのない対話」である。この有名なフレーズとタイトルに示されているように、本書は歴史とは何か、そして、歴史家が歴史を研究するとはどういった営みであるのかを論じた、歴史学の古典的入門書であり、1961年に刊行されて以来、政治史を研究する政治学者の間でも広く読まれ続けている。

◇注目点❶ 歴史は史料と事実のみでは明らかにならない

本書は、ケンブリッジ大学での6回の講演会の内容を加筆修正して刊行されたものである。上の小見出しに挙げたフレーズは、その初回の講演の最後を締めくくる言葉であった。この第1講でカーは、歴史事実とはなにか、史料至上主義への批判などの議論を展開しながら、「かたい事実を歴史の基礎として、たゆむことなく終わりなく蓄積するという信念、事実はみずから語るし、事実が多すぎることはないという信念」に基づく歴史学を否定する。

カーいわく、「本当のところ何が起こっていたのか」は、すなわち「歴史とは何か」に対する答えは、史料と事実のみでは明らかにならない。なぜなら歴史家は「とりあえず選択した事実、とりあえずの解釈」で出発し、この事実の選択と解釈の相互作用の中で、歴史を再構築していくからである。

「歴史家は現在の一員であり、事実は過去の一部」であるからこそ、「歴史家と歴史的事実は互いに必要とする関係」なのであり、歴史とは、この歴史家と歴史的事実の相互作用によって再現される。以上の議論を通じて、カーは、「歴史とは何か」という問いに対して、「現在と過去のあいだの終わりのない対話」であるという結論を導き出す。

◇注目点❷ 歴史家と歴史的事実は"社会的存在"である

第2講では、歴史家という存在および歴史的事実は、ともに"社会的存在"であると

カーは論じる。「歴史家の知識とはその個人の排他的財産ではなく、多くの人々が何代にもわたって、また多くの国々の人が参与して蓄積したものです。歴史家が研究する人々の行動は、真空のなかの孤高の個人たちの動きではありません。人々は過去のある社会の脈絡のなかで、それに推されて行動したのです」。

そして、以下のようにこの講を締めくくる。

「歴史家とその事実とのあいだの相互作用のプロセス」は、「抽象的で孤立した諸個人のあいだの対話ではなく、今日の社会と過去の社会とのあいだの対話です」。

「過去は現在の光に照らされて初めて十分理解できるようになるのです。人が過去の社会を理解できるようにすること、人の社会に対する制御力を増せるようにすること、これが歴史学の二重の働きです」。

◇ 注目点❸ 歴史に「なぜ」を問うことを強調

カーは第3講の結論部で、「歴史家も物理学者も、説明したいという基本的な目的において、また問いを立て解答するという基本的な手続きにおいて、一致しています。歴史家も他の科学者も、『なぜ』としつこく問いかける動物です」と言う。

第4講でも、「偉大な歴史家とは —— もっと広く、偉大な考える人は、と言うべきでしょうか ——、新しいことについて、また新しい文脈において、「なぜ」と問いを立てる人のことです」と言う。

歴史に「なぜ」を問うことを強調するカーは、第6講において、「現代人は自分の来し方のおぼろげな薄明を省みてしっかり見つめ、その淡い光がこれからの行く末を照らしてくれるよう」望み、「行く末の方途をめぐる願望も不安も、来し方への洞察を刺激」することで、過去・現在・未来が結びついていくと論じる。

今日の社会に生きる歴史家が歴史に「なぜ」を通じて、現在、未来の社会と自己を理解し、制御する「二重の働き」を生み出すことが、カーの歴史学である。

◇ テキスト

本書の邦訳には、1962年に刊行された清水幾太郎訳『歴史とは何か』と、2022年に刊行された近藤和彦訳『歴史とは何か〔新版〕』の2冊があるが（共に岩波書店）、近藤訳版をすすめる。近藤訳は非常に読みやすく、補註も充実しているほか、清水版には収められていない「第二版への序文」や「自叙伝」も載録されている。また、本書は歴史学の入門書と言いつつ、その議論は深く難解であるが、近藤版の訳者解説では、その内容が非常に丁寧に説明されており、読み進めるうえでの手引きとなる。

（湯川勇人）

公共選択の理論

ブキャナン James McGill Buchanan Jr., 1919-2013
タロック Gordon Tullock, 1922-2014
The Calculus of Consent: Logical Foundations of Constitutional Democracy：1962

[J.M.B.]米国の経済学者。ミドルテネシー州立大学卒業、シカゴ大学で博士。ヴァージニア工科大教授。1986年、ノーベル経済学賞受賞。
[G.T.]米国の経済学者。シカゴ大学卒業、同大で博士。ヴァージニア大学、ジョージ・メーソン大学教授。ブキャナンと多くの共同研究がある。

『公共選択の理論
——合意の経済論理』
宇田川璋仁監訳、
東洋経済新報社、1979年）

経済学の理論にもとづく「合理的選択論」の原典

◇**内容**

本書は、今日の「政治学」において、すでに確立した主要な理論および分析手法となっている、経済学を礎石とした「合理的選択論」の原典ともいえる一冊である。著者らは、経済学における方法論的個人主義にのっとり、政治学が分析対象とする非市場的意思決定過程にアプローチする、「公共選択」学派の嚆矢・創始者に位置づけられる。本書出版に前後した、ダウンズ（→76ページ）、オルソン（→88ページ）、ニスカネン（W. Niskanen, 1933-2011）、ライカー（W. Riker, 1920-1993）、オードシュック（W. Ordeshook, 1942- ）等による業績も、本学派につらなる。

◇**注目点❶ なぜ財産権や多数決ルールの制度化は社会的に望ましいと言えるのか**

本書では、有権者、政治家、官僚、利益集団等は、市場における取引主体と同様、利己的・合理的に効用極大化を目指して意思決定をしており、あらゆる政治活動（つまりは、公共部門）の成果は、これら主体による交渉や合意に基づく取引・交換の帰結として捉えられる。個人から遊離した集合的合理性や、なんらかの社会的なるもの（例：有機体として社会）に一切の規範的価値を認めない方法論であり、著者の一人であるブキャナンは、自身の学的立場を自由主義・個人主義を擁護・貫徹するためのものと性格づける。

自由な個人は、第一に、最も原初的といえる立憲的な（集合的）意思決定において憲法構造を確定するが、その際に制度化される財産権や多数決ルールは、なにゆえに社会的に望ましいものと言い得るのか。この問いに対して本書は、不確実性に直面する個人が、政治的な取引・交渉の結果、自らの効用を極大化できるとの判断に至るからだ、との理解を提示する。

◇**注目点❷ 個人個人は効率性の観点から集合的決定に至る**

例えば、多数決ルールを越えて全会一致ルールを採用すれば──一人一人が事実上の拒否権を持つために──個人の自由や財産が制約・略奪される可能性は最小化し得る。

しかし、集合的決定に至る個人の数（右図中のN）が最多となる全会一致ルールの下では、交渉・合意に要する費用が最大化する。また、集合体（例：国家）を構成する個人の数がより多ければ、ここでの費用はさらに高くなる。

これとは逆に、全会一致以外のルールの下では、交渉・合意に要する費用はより低くなるものの、個人の自由や財産が制約・略奪される可能性はより高くなる。

個人の合理的選択にかかわる上記の関係性が、図中の下に凸の曲線に表れている。

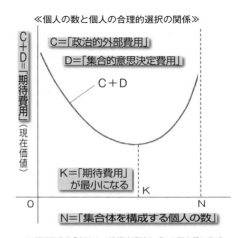

※ 邦訳第6章「憲法の一般経済理論」p.81の図を基に作成。

自由や財産が制約・略奪される費用（政治的外部費用：C）と、交渉・合意に要する費用（集合的意思決定費用：D）から成る期待費用（C＋D）が最小となる点（K）──すなわちは、K/N多数決ルールの採用──において、各個人は効率性の観点から集合的決定に至る。

このことの重要な含意は、民主主義に必須とされる多数決ルールといえども、その望ましさを自明視することはできず、むしろ個人による費用と利得の計算といった実証主義的（positivistic）な要因にこそ、存立のための根拠を求め得る点にある。本書は、このような個人主義的な視座の下、議会議決における可否投票の取引（つまりは、ログローリング）、代議制の下での代表選出、二院制による立法過程といった、政治制度やルールにも同様の分析を加える。

◇注目点❸ 個人の利得を満たさない政治制度を改善するための契機を提供

なお、上記の視座からは、政治制度やルールに参加する以上は、個人はそこからなんらかの利得が得られているべきだとの規範的な命題も得られる。以降、これを満たすことのない制度やルール（例：財政赤字を容認する予算制度）は、なにゆえに存在し・いかにして改善可能か（例：均衡予算を憲法上のルールとする）を探求する数多くの業績が、「公共選択論」の深化・発展に貢献した。そのための契機を提供した点にも、原典たる本書の学的意義を見出し得る。

◇テキスト

本書の全訳として、J. M. ブキャナン・G. タロック著、宇田川璋仁監訳、米原淳七郎・田中清和・黒川和美訳『公共選択の理論──合意の経済論理』（東洋経済新報社、1979年）。また、「公共選択論」の最近の動向に触れるものとして、川野辺裕幸・中村まづる編著『公共選択論』（勁草書房、2022年）がある。

（青木一益）

公共性の構造転換

ハーバーマス Jürgen Habermas, 1929-
Strukturwandel der Öffentlichkeit（独）：1962

 ドイツの哲学者、社会学者。ゲッティンゲン大学、ボン大学で学び、ボン大学で博士号。本書で1961年に教授資格を得、ハイデルベルク大学を経てフランクフルト大学教授。2023年ウクライナ戦争についての論考を発表。

『公共性の構造転換——市民社会の一カテゴリーについての探究 [第2版]』（細谷貞雄・山田正行訳、未来社、1994年）

その後の「公共性」概念を方向づけた不滅の業績

◇内容

「この研究の課題は、『市民的公共性』という類型を分析することにある」（初版「序言」）。著者ハーバーマスは、フランクフルト学派（第一次世界大戦後、フランクフルト大学社会研究所に集まった研究者と、その流れをくむ哲学・社会思想家のグループ）の第2世代として知られ、本書は、マールブルク大学に教授資格申請論文として提出、1962年に刊行されて、のちの公共性概念を方向づけた。公共性について語られることが多くなった現在においてなお、ハーバーマスの示す理念に魅力を感じさせる古典的名著である。

◇注目点❶ 「公共性（公共圏）」とは何か

ハーバーマスのいう「公共性」とは何か。近年「公共圏」と訳されることも多くなってきているが、「集まって公衆を形成する私人たちの空間」である。市民が討論を通じて世論を形成する空間であることの表現としては、公共圏とするのがふさわしかろう。例えば日本国憲法（第12条ほか）では「公共の福祉」が謳われる。ただ"公共"は、人権の制約や人権の保障を明記した法律や条例を制定して調整を行うもので、行政府が担うイメージが強い。ゆえに、市民的公共性や討論を通じて世論を形成する「公共圏」をイメージすることは難解なものとなる。だが、この国家による"公共圏の独占"（わが国がそうであるように）こそ、ハーバーマスが憂い、克服しようとした現象である。

◇注目点❷ 近代国家で何が再現されたのか

ハーバーマスは「公共圏」を「自由主義イデオロギーのぼろくずとはちがう、それ以上のもの」と評価し、理念として捉える。その起源は近代国家の成立過程に見出され、同時に出現した市民社会に目が向けられる。すでに、絶対主義国家の時代には、公的生活圏と私的生活圏が現出していた。そもそも、「公的・私的」という理解は、古代ギリシアの都市国家にも見られる（この視座は、アレント（→84ページ）が、『人間の条件』〔*The Human Condition*, 1958.〕で示しており、ハーバーマスは、アレント自身の訳によるそのドイツ語版『活動的生』〔*Vita Activa oder vom tätigen Leben*, 1960.〕を参照している）。

その再現を近代国家に見たハーバーマスは、公的生活圏と私的生活圏、すなわち国家と社会を介在させるものとして、「公共圏」を位置づけたのである。17世紀から18世紀にかけてヨーロッパでは、コーヒーハウスやサロンなどにおいて、市民は、自律的な私人として討議を行い、政治的合意を形成していた。この空間を「公共圏」と言い、ここに私人は公論の担い手として公衆を形成する。やがて、書籍や新聞などのメディアが媒介した文芸的公共圏は、それを通じて公論を形成し、政治的公共圏へと展開していった。

◇ 注目点❸ 公共性の解体とは、その後の可能性とは

こうして成立した「公共圏」が、19世紀後半から大きな変化を遂げることとなる。文芸的公共圏は、商業化の進行によりメディアが非政治的なものとなった（一方で特定の利害の宣伝・広報の手段となった）ことと、行政国家化や福祉国家化が進むことで、国家と社会の関係が、ネオ・コーポラティズム（特定の業界・団体の利益代表による政治参加やそれに基づく政策の策定を進めること）的に変化したことで公共性が解体された、とハーバーマスは嘆いていた。これこそが、"公共性の構造転換"であった。

本書（1962年初版）ではこのように公共圏の現状を憂い、悲観的に捉えているが、1990年の「新版への序言」（1章分に値する長文）では、1980年代末に旧ソ連の衛星国で次々と起きた東欧革命や、各地のNPO（非営利組織）など、行政府に属さないさまざまな組織の登場、さらに電子メディアの登場に「公共圏」の可能性を見出している。

◇ テキスト

邦訳書は、細谷貞雄・山田正行訳『公共性の構造転換──市民社会の一カテゴリーについての探究』（未來社、初版1973年／第2版1994年で、原著1990年「新版」の「序言」を掲載）であるが、やや難解であり分量も多い。そこで、『ハーバーマス（1冊でわかるシリーズ）』（ジェームズ・ゴードン・フィンリースン著、村岡晋一訳、岩波書店、2007年）、『ハーバーマス（人と思想176）』（小牧治・村上隆夫共著、清水書院、2001年／〔新版〕2015年）、『ハーバーマスを読む』（田村哲樹・加藤哲理編、ナカニシヤ出版、2020年）などを傍らに置き、チャレンジしてほしい。

なお、本書で展開された公共圏に関する議論は、それ自体が論争的であったため、批判の対象ともなった。ハーバーマスは、本書1990年の「新版への序言」はもとより、『コミュニケイション的行為の理論（上・中・下）』（未來社、河上倫逸ほか訳、1985～07年／原著は1981年）や、『事実と妥当性──法と民主的法治国家の討議理論にかんする研究（上・下）』（未來社、河上倫逸ほか訳、2002～03年／原著は1992年）などの自著でそれに応えている。また、公共性についての理解を深めるためには、齋藤純一著『公共性』（岩波書店、2000年）に目を通すことをすすめる。

（進邦徹夫）

革命について

アレント Hannah Arendt, 1906-1975

On Revolution : 1963

ドイツ出身の米国の政治思想家。マールブルク大学でハイデガーに、ハイデルベルク大学でヤスパースに学ぶ。ナチスの政権掌握後、亡命。実践活動や客員教授を経てニュースクールの哲学教授。『全体主義の起原』ほか著書多数。

『革命について』
(志水速雄訳、
筑摩書房、1995年)

対等な市民の間の相互行為として、政治を捉え直す

◇内容

本書は、人びとの政治的経験を歴史的に物語ることによって読者の感受性に訴えるとともに、政治的事象を思想的に考察し、革命の意味を明らかにした名著であり、アレントの著作のなかでも最も完成度が高い作品である。

◇注目点❶ 「自由の創設」としての革命

本書は、通常の革命理解とは違って、革命を社会問題解決の手段と見るのではなく、「自由の創設」として純粋に政治的次元で捉えている。従来、革命は、フランス革命やロシア革命をモデルとして、抑圧や窮乏からの解放を目的とする暴力的な社会変革として理解されてきたが、本書の独自性は、革命を社会変革の手段としてではなく自由の制度化として理解している点にある。

自由には、「解放(リベレイション)」の結果としてもたらされる消極的な「自由(リバティ)」と、公的な活動や公務に参加する積極的な「自由(フリーダム)」があるが、著者は、アメリカ革命とフランス革命を比較し、フランス革命が社会問題の解決を前面に押し出すことによって暴力を正当化し、恐怖政治を現出したのに対し、アメリカ革命が「自由の創設」、すなわち「自由が姿を現わすことのできる空間を保障する政治体の創設」に向かったことを評価している。というのも、革命は、市民的権利を保障したうえで、誰もが公的な場で活動することを可能にする共和政体の構築を目指すべきだからである。

◇注目点❷ 公的自由と公的幸福の追求

公的自由とは、近代思想に特徴的な内面の自由ではなく、古代ギリシアの市民のように、他者と協力して活動する状態を意味している。著者は、公的自由が公的幸福の追求につながることを、アメリカ革命に加わった人びとの経験をとおして明確化している。

公的幸福とは、アメリカ革命の人びとが、ただ語り、行為するために集会に参加したように、共同で新しいことを始め、公的な責務を果すことが、苦痛ではなく、私的

な世界では味わいえない幸福の発露だということである。著者は、協力して活動することから生じる喜びを、古代ギリシアの市民や近現代の革命の過程で現れた評議会に参加した人びととの経験と接合して、叙事詩的に物語っている。

◇ 注目点❸　共和主義的政治理念の再生

著者は、代議制民主主義や政党制のような、上からの政治を批判し、共和主義的伝統を想起し、市民が下から、自発的な参加に基づいて政治社会を創設すべきだとしている。著者が想起しているのは、次のような共和主義的政治理念である。

(1) 共和政体の樹立 —— 共和政体とは、権力の基盤が人民にある、立憲的な統治形態であるとともに、多元的な権力基盤が相互に抑制し合う政治システムでもある。アメリカ革命では、共和政の原理に基づいて、三権分立を徹底しただけでなく、連邦制など権力の源泉を多元的・重層的に形成するとともに、独立宣言と合衆国憲法を権威に据えることによって安定した共和政体を創設することができたのである。

(2) 討議の過程の重視 ——「世論」の支配ではなく、相互に理性を働かせる討議への参加が重要だと認識している。討議の過程では、多様な意見が尊重され、各人は冷静沈着に意見を交換し、「表明し、議論し、決定する」活動に携わることができるのである。

(3) 公的空間の創設 —— 最終章で「依然として語られずに記憶されないままになっているのは、奇妙で悲しい物語である」と述べ、トマス・ジェファーソン（Thomas Jefferson, 1743-1826：「アメリカ独立宣言」の主たる起草者で、合衆国第3代大統領）の「基本的共和国」の構想や、近現代の革命の過程で自然発生的に現れた革命機関や評議会制度を想起し、公的問題に自発的に関わること自体に価値があるのだとしている。そして、評議会制度を「近代的な平等主義的社会の全成員が公的問題の〈参加者〉になることができるような新しい統治形態」への希望として物語っている。

本書のねらいは、古代ギリシアのポリスや評議会制度に典型的に示される公的空間を媒介にして政治を市民の手に取り戻すことにあり、その根底には、政治を対等な市民間の相互行為と捉える視点がある。それは、自由民主主義を唯一の政治原理とするのではなく、民主主義に共和主義的な息吹を吹き込み、市民を基盤に据えた統治形態や社会制度を構築する試みにつなげていくことができる。

◇ テキスト

志水速雄訳『革命について』（筑摩書房〔ちくま学芸文庫〕、1995年）は、全訳である。解説書や研究書は数多く出されているが、何よりも本書を繰り返し読むことをすすめる。そのうえで、（著者自身が英語から訳した）ドイツ語版からの翻訳『革命論』（森一郎訳、みすず書房、2022年／ドイツ語版原著名：*Über die Revolution*, 1965）を参照すれば、理解が深まるだろう。

（寺島俊穂）

紛争の戦略

シェリング Thomas Crombie Schelling, 1921-2016
The Strategy of Conflict : 1963

著者 米国の経済学者。カリフォルニア大学バークレー校卒業、ハーバード大学で博士号（経済学）。第二次大戦後の一時期、大統領府（民主党トルーマン政権）に勤務。イェール大学教授、ハーバード大学教授を経て、メリーランド大学教授。

『紛争の戦略 ── ゲーム理論のエッセンス』（河野勝監訳、勁草書房、2008年）

相互作用についての認識をどこまで深められるのかという問題の探求

◇内容

著者シェリングは、経済学、政治学を含む社会科学全般において偉大な業績を残し、2005年にノーベル経済学賞を受賞した。ノーベル財団の受賞理由には「ゲーム理論の分析を通じて、紛争と協力（conflict and cooperation）についての理解を深めた」とある。

本書は、そのシェリングの主著。米ソ冷戦のさなかの1960年に発表された核戦略の分析であり、ゲーム理論の分析でもある。しかし、本書を単純に「ゲーム理論を核戦略に応用した本」といえない理由は、本書の分析を通じてシェリングが、核兵器の役割はなにか、それを所与の制限の中でどのように使うことが対立している双方の利益になりうるのか、そのことの分析を通じて、人間の相互作用についての認識をどこまで深められるのか、という問題を探求しているからである。

本書では、戦争、特に核戦争とそれをめぐる駆け引き（狭義の「戦略」）を扱うが、その議論は、兵器の質や戦争の歴史に拘束されず、特定の状況で相対する当事者がお互いの行動を予測しながら、自分の行動をどのように決めるのか（広義の「戦略」）を考え抜くことから分析に入っていく。

数学的な議論も部分的にされているが、数学は問題の構造を厳密に（数学を理解している読者にとってはわかりやすく）するために使われているだけなので、数学的な部分を理解できなくても、シェリングの主張の核心を理解することに問題はない。

本書で考察の対象としているのは、強制、抑止、コミュニケーション、限定戦争、奇襲攻撃、報復、脆弱性、軍縮などの概念である。これらの概念の基本的重要性と位置づけは、本書が書かれてから60年以上経過した今日も全く変わっていない。

◇注目点❶ お互いの"落としどころ"をいかに見出すか──"フォーカル・ポイント"の重要性

本書が分析対象とするのは、「2者の間で利害が対立していながら、同時に相互利益が存在し、コミュニケーションが不完全な状態で自己に最善の状態を実現するためにはどのように考えればよいか」という状況である。

シェリング『紛争の戦略』　87

このことをシェリングは、暗黙の「交渉」問題として定式化する。例えば、次のような状況を考えてみよう。

> 「あなたはニューヨークでだれかと会うことになっています。しかし、あなたはどこで会うか指示は受けていません。また、どこで会うかについて、その人に関する情報も前もってもっていません。さらに、お互いにコミュニケーションをとることはできません。さて、どこに行けば相手に出会えるでしょうか。なお、以上のことは相手にも同様に伝えられているとします」（邦訳書p.60）。

雲をつかむようなことと考えるかもしれないが、このような状況では、相手が同じ問いをどのように考えるかを予想して、そこに自分の行動を合わせていくことになる。この場合は誰でも知っている、目立つ待ち合わせ場所がその対象に選ばれやすい。

このような合意ができやすい点を、シェリングは「フォーカル・ポイント（焦点）」と呼ぶ。日本語では、いわゆる"落としどころ"になるだろう。シェリングは、当事者の予測を収斂させ、交渉を終わらせるものは、そのようなフォーカルポイントの明示性だ、とする。

◇注目点❷ 核兵器使用の新しい合意ポイントは見つかるのか

かつて、当事者の双方が核兵器を持っている状態で、核兵器が戦争で使用されたことはない。シェリングは、このことが核戦略を考える上で重要だとする。弓矢が禁止されたことはないが、それは弓矢が使用され続けてきた伝統があるためである。

では、核兵器はどうか。核兵器の短い歴史において、伝統に近いものは、核兵器が広島、長崎で使用された後は、実践使用されていないという事実である。シェリングは、戦争の限定性において鍵となるものは、フォーカル・ポイント、つまり双方にとってわかりやすい"落としどころ"であるとする。伝統、先例、慣習が、限定性の本質だとするのである（邦訳書p.268）。核兵器は、使用の仕方によっては完全勝利（または完全敗北）をもたらす可能性がある。

現在までの時点では、核兵器は威嚇だけで（広島と長崎への投下を除き）実戦使用されたことがないので、それが核保有国（ここでは、アメリカと旧ソ連）の暗黙の合意となっている。しかし、核使用の"敷居"にはそれ以上の根拠はないので、一度使用された時点で暗黙の合意はなくなる。そうなると新しい合意ポイント（見つかるかどうかはわからない）の模索が改めて始まるのである。

◇テキスト

邦訳書に、トーマス・シェリング『紛争の戦略――ゲーム理論のエッセンス』（河野 勝 監訳、勁草書房、2008年）がある。

（永山博之）

集合行為論

オルソン Mancur Olson, 1932-1998

The Logic of Collective Action: Public Goods and the Theory of Groups : 1965

米国の経済学者、社会科学者。ノースダコタ州立大学卒業、ハーバード大学で学位取得(経済学)。米国空軍士官学校、プリンストン大学を経て、メリーランド大学カレッジパーク校経済学部教授。

『集合行為論
　─公共財と集団理論』
(依田博・森脇俊雅訳、
ミネルヴァ書房、1996年)

利益が合致していても個人が集団に協力しないのはなぜか

◇内容

集団の利益と個人的利益が合致しているにもかかわらず、合理的選択を行う個人には協力をする誘因がない、したがって協力は実現せず集団の利益が実現しない、という問題は、こんにち「集合行為のジレンマ」として知られる。

この原因となるのは、"集合財(公共財)の非排除性"という性質が理由で発生する「ただ乗り」である。方法論的個人主義を採用し、集合財の理論を労働組合などの圧力団体や国家などの大規模集団に適用して、従来の政治学の議論──個人は自分の利益のために集団に協力する──に対して挑戦したのが、本書である。

「ある一集団の個人の数が少数ではない場合、あるいは共通の利益のために個人を行為させる矯正もしくは他の特別の工夫がない場合、合理的で利己的な個人は、その共通のあるいは集団的利益の達成をめざして行為しないであろう」。これが本書の要約である。

◇注目点❶ 集団の規模への着目

上記の主張を展開するために、オルソンは集合財を実現しようとする集団を大規模集団と小規模集団に分けて、その違いから議論を展開する。

大規模集団であれば、費用負担者が多いので各人は自分が負担しなくても影響はないと考えるし、集合財から受ける一人当たりの恩恵は限りなく小さく感じられるがゆえに、合理的であるならば負担しようとは考えない。小集団であれば「たとえ集合財供給の全費用を支払わなければならないとしても、供給された場合の方が、されない場合よりも改善される成員が存在する」、すなわち、集合財の利益から受け取ることができる一人当たりの恩恵が大きいと感じられるので、共通目標についての合意さえできれば協力が実現する可能性がある、と分析している。

◇注目点❷ 「選択的誘因」とは何か

ここでは政治学の立場から本書の意義を紹介するために、「選択的誘因」に触れておきたい。

オルソン『集合行為論』　89

　オルソンによれば、選択的誘因とは「潜在的集団内の合理的個人が集団志向的に行為するように動機づける」ものである。その際、「集合行為は、全体としての集団に対して、集合財のように無差別的にではなく、むしろ集団内諸個人に対して選択的に作用する誘因を通じてのみ、達成されうる」としている。

　さらに選択的誘因は「負の誘因あるいは正の誘因のいずれかである」として、負の誘因である社会的制裁などは「潜在的集団を動員するために使われる」としている。つまり、「動員」による協力者と自発的協力者とを区別しており、負の誘因による動員が、大規模集団の協力を実現するために必要だと述べているのである。

　ここで、「服従しない個人は排斥されるのに対して、協力的個人は歓迎されるのである」という記述が、興味深い。これは、国家と権力が現実の世界で果たしている役割について、方法論的個人主義に基づいて、集合財の理論を用いることにより、明確に示した極めて重要な論理である。

◇注目点❸ 圧力団体、国家にかんする観察

　政治学の古典的な理論である多元主義においては、圧力団体のすべての構成員が共通の利益を有しているならば、みなが集団の共通の利益をもたらすために協力をするのが当然と考えてきた。例えば、労働者階級が共通の利益を有しているならば、協力をして革命を起こすはずである、というマルクス（→30ページ）の主張も同じ論理形式である。

　しかしながらオルソンは、ここまでに紹介した論理をもとに、大集団であるこれらのグループにおいて協力は起こらないという観察をして、大いなる一石を投じたのである。「階級を構成する個人が合理的に行為しようとすれば、階級志向的行為はむしろ営まれないであろう」というのは、本書が出版された1965年という時代の背景を考えれば大胆な主張であった。

◇注目点❹ 「オルソン問題」の影響

　オルソンは、経済学者として大きな業績を上げたとは言い難い。本書の論理は一貫しているとも言い難く、直感的な観察や説明を論理的に解釈するのに苦労する部分もある。しかしながら、だからこそというべきか、オルソンのアイディアの影響は大きなものであり、集合行為のジレンマは多くの研究者に「オルソン問題」としてインスピレーションを与えた。そしてそれは、経済学よりも政治学、社会学の領域においてより一層大きなものであったと言える。

◇テキスト

　『集合行為論──公共財と集団理論』（依田博・森脇俊雅訳、ミネルヴァ書房、1983年／新装版、1996年）。オルソンのもう一つの主著である『国家興亡論──「集合行為論」からみた盛衰の科学』（加藤寛監訳、PHP研究所、1991年）も参考になる。　　　　　　　　（佐藤公俊）

クリヴィジ構造、政党制、有権者の連携関係

リプセット Seymour Martin Lipset, 1922-2006
ロッカン Stein Georg Rokkan, 1921-1979
Cleavage Structures, Party Systems and Voter Alignments : 1967

[S.M.L.]米国の政治社会学者。スタンフォード大学、ハーバード大学教授。
[S.G.R.]ノルウェーの政治社会学者。ベルゲン大学教授。
両者は、政治社会学に国際比較の観点を導入したことで知られる。

『政治社会学〔第3版〕
――クリヴィジ構造、政党、
有権者の連携関係』
(加藤秀治郎・岩渕美克編、
一藝社、2008年)

比較分析の枠組みとして提示された「対立」の構造

◇内容

共編著である『政党制と有権者の連携関係』(*Party Systems and Voter Alignments*)の序文にあたる論文。政党制と社会構造、社会紛争(コンフリクト)の関連は以前から研究されてきたが、国際比較の共同研究にあたり、新しい分析枠組み(わくぐみ)を提示すべく書かれたもの。

1960年代の各国政党制は、1920年代にできた"対立(クリヴィジ)構造"を色濃く反映し、それが維持されているとの結論を引き出し、これは「凍結(freezing)仮説」として知られる。

◇注目点❶ 政党には、社会構造の対立を代表する基本的な機能がある

政党は、各国の社会構造にある対立関係、社会紛争を代表し、政治へと媒介する機能がある。「クリヴィジ」(cleavage：対立/分裂)の分析と政党制の関係が、そこでのテーマとなる。階級対立に基づく階級政党の対立などがそうだ。

「社会学者にとって、政党は二つの意味で関心を引きつける要素をもっている。政党は、現存する社会構造のなかで、対立する利害、潜在的緊張・対立を結晶化し、明確化させる役を果たす。また政党は、構造的な対立軸にそった形で人々を連携させ、政治体系のなかで確立された役割や今後の役割の遂行で、優先順位を決めさせる。政党は表出(expressive)機能を有している。すなわち、政党は社会構造、文化構造における対立を、変革や現状維持に向けた要求や圧力へと変換させる修辞をつくりあげるのである」。

◇注目点❷ 政党は、社会紛争の政党制への移入に関わる

社会構造と政党制の関係は基本的なもので、政治社会学の重要テーマだが、リプセットとロッカンはそこに留まってはならないとした。社会問題によっては政党制に経路づけられず、放置されるものがあり、逆に潜在的問題が積極的に政治問題へと移される場合もある。社会紛争とその政党制への移入(translation)の問題である。

「政党は、媒介(instrumental)機能と代表(representative)機能をも有している。すなわち政党は、多くの対立する利害や意見の代弁者をして交渉をまとめたり、諸要求を調整したり、諸圧力を集約したりするのである。 小さな政党は表出機能を果たすだけで満足するかもしれない。だが、政党が社会の諸問題に関して決定的に重要な影響力を得ようとするならば、現存する対立軸を横切って、現に敵対している者や、将来、敵対するかもしれない者とも共同戦線をはる意思がなくてはならないのである」。

「対立軸は、自動的に政党対立へと移入されるわけではない。というのは、組織上、選挙対策上の戦略が働くからである。また支持者の入れ替えでのプラスとマイナスの計算もあろうし……支持者獲得の目標を絞り込んでいく配慮もあろう」。

「どのようにして社会・文化的紛争は、政党間の対立に移入されるのか。そのような移入の過程を理解するために、われわれはそれぞれの社会における抗議の表明の条件と利益の代表の条件に関する大量の情報を選り分けていかねばならない」。

◇ 注目点❸ 1960年代の各国政党を検討すると、1920年代のクリヴィジ構造が反映され、凍結化されている

上記の観点から、1960年代中盤に10数カ国の政党制の比較分析がなされた。

「幾つかの重要な例外はあるものの、60年代の各国の政党制は、20年代のクリヴィジ構造を反映したものとなっている」と。

「選挙権の拡大の結果、また新しい主要な潜在的支持層に対する集票活動がなされた結果、主要政党という形で選択肢が凍結するに至った」のである(本論文第5節)。

これが、有名な凍結仮説である。しかし、その後、各国の政党制は揺らぎを見せている。したがって、この凍結仮説はそのままでは維持されないだろうが、同じような分析をする場合、リプセットとロッカンの枠組みは重要な示唆を与え続けるだろう。

◇ テキスト

長編の序論論文で、小冊子に近い分量がある。『政治社会学』(加藤秀治郎・岩渕美克編、一藝社)の「第3版」(2008年)以降の版に「クリヴィジ構造、政党制、有権者の連携関係」(白鳥浩・加藤秀治郎訳)として、収められている(現在は第5版〔2013年〕)。

わが国の多くの関連文献は、この原著の英語論文を参考文献に掲げているものの、言及はおざなりの印象を免れない。是非、よく一読してほしいものだ。

(加藤秀治郎)

自由論

バーリン Isaiah Berlin, 1909-1997

Four Essays on Liberty：1969

ラトヴィア出身の政治哲学者。ロシア帝政末期のサンクトペテルブルクで革命に遭遇。英国に移りオックスフォード大学卒業後、英国外務省入省、ソ連・米国の大使館勤務後、オックスフォード大学教授。

『自由論〔新装版〕』
（小川晃一・小池銈・福田歓一・生松敬三共訳、みすず書房、2018年）

今なお「自由」の本質に迫ることの重要性を気づかせる

◇内容

「自由」とは何か。例えば、「ひとを強制する」ことは「ひとから自由を奪う」ことになるが、奪うべき「自由」の意味は多義的である。そこで、著者アイザィア・バーリンは、純粋に「自由」そのものに検討の価値を見いだし、政治的伝統の背景にある自由観の探索を試みた。

本書は、バーリンの講演録などを基にした4編のエッセイから構成されている。ここでは、20世紀におけるイデオロギー抗争や、歴史家・思想家などによる数多の論議を背景としつつ、個の「自由」を二つの形式に分けて整理する意義が示された。その中心をなす第三論文「二つの自由概念」は、「自由」の本質に迫ることの重要性を今もなお、われわれに気づかせてくれる。

◇注目点❶ 消極的自由 ──「〜からの自由」

バーリンによれば、従来の論議から見いだせる「自由」の概念は、大きく二つの型に分けることが可能であるとされる。その一つが「消極的自由」である。それは、ホッブズ（→14ページ）、ロック（→16ページ）、ミル（→32ページ）などの考え方と符合している。

「消極的自由」とは、政府や他者から干渉されることなく「自分のしたいことをし、自分のありたいものである」状態や、そのような範囲の確保を目指す理念である。この場合の「自由」には、「〜からの自由（freedom *from*）」との表現があてはまる。

「消極的自由」は、特に、リバタリアニズム（個人の自由の最大化と、政府の権力行使の最小化を唱える政治思想）と融合しやすく、グローバル化が進む今日の社会経済を主導しているようにも思われる。具体的な事例として、公共部門の民営化や公共事業の量的削減など、いわゆる「小さな政府」の実現を志向する動きなどが挙げられよう。

◇注目点❷ 積極的自由 ──「〜への自由」

ある日、時の為政者の考え方やクーデターなどにより、ある日、突如としてわれわれの個の「自由」が認められなくなってしまう。

とするならば、われわれがそれまでに認識していた「自由」とは、はたして本当に「自由」だったのであろうか。このような観点からバーリンが示したもう一つの概念が、「積極的自由」である。こちらは、ルソー（→20ページ）、マルクス（→30ページ）ら大陸系哲学者の考え方と符合する。

「積極的自由」とは、個人あるいは集団が「自分が考え、意志し、行為する存在、自分の選択には責任をとり、それを自分の観念なり目的なりに関連づけて説明できる存在」になるための「自由」である。「自己支配」の倫理観を背景としたその「自由」には、「〜への自由（freedom *to*）」との表現があてはまる。

「積極的自由」は、各々（おのおの）の目的や意思に基づき、自らの行動が規定されていくことを広く社会に求めがちになる。また、「理想的」「最善」等々と言い表される「より高い」レベルの状態にある「自由」に向けて、自ら進んで他者に干渉しようとする側面をも有する。

◇注目点❸ 消極的自由 vs. 積極的自由

「消極的自由」によれば、他者の干渉が少なければ少ないほど「自由」の範囲は大きくなる。それは、政治思想の一つである「自由主義」の理念により近い。一方、「積極的自由」は、各々の意志や能力に基づいて行動できるか否かをメルクマール（指標）としている。その達成に向けて、誰もが「自分自身の主人」である必要があり、それゆえに市民は平等であらねばなるまい。「積極的自由」と民衆の支配（民主主義）との親和性が高くなるのはこのためである。

もっとも、「積極的自由」の達成過程で、われわれがより高い目標を設定し、それを一種の社会正義のように捉えてしまうと、他者に対して強制することを良しとする論理が成り立ち得る。その場合、他者の「消極的自由」を侵害するパラドックスが生じるであろう。かかる点を危惧したバーリンは、「自由主義」と「民主主義」とが対立する場合には「自由主義」に重きを置くが、「消極的自由」と「積極的自由」とが対立する場合には「消極的自由」を擁護するべきとした。

◇テキスト

原題は、*Four Essays on Liberty*（自由についての四つのエッセイ：1969年）であり、ここに付録論文を収録した邦訳版が『自由論』として1971年に公刊されている（小川晃一（おがわこういち）・小池銈（こいけけい）・福田歓一（ふくだかんいち）・生松敬三訳（いきまつけいぞう）、上・下分冊、みすず書房）。2018年には、新装版（全1冊）が公刊された。なお、バーリンは本書の「序論」にかなり紙幅を割き、各方面からの批判に応じている。読者の理解を深めるための工夫として、本論（四つの論考）を先に読み、最後に「序論」に戻ることを推奨したい。

（爲我井慎之介）

離脱・発言・忠誠

ハーシュマン Albert Otto Hirschman, 1915-2012

Exit, Voice, and Loyalty: Responses to Decline in Firms, Organizations, and States；1969

ドイツ出身の政治経済学者。ナチ政権誕生後に渡仏し、訪英。ソルボンヌ、LSEに学ぶ。スペイン内戦に参加後、ポルトガル経由で渡米。カリフォルニア大学バークレー校研究員、イェール、コロンビア、ハーバード各大学で教授を歴任。

『離脱・発言・忠誠――企業・組織・国家における衰退への反応』(矢野修一訳、ミネルヴァ書房、2005年)

組織をどう改善するかという、経済学と政治学の接点の問題

◇ 内容

著者はユダヤ系ドイツ人として生まれ、流転の生涯の末、大きな業績をあげた。業績の多くは政治経済学の名にふさわしく、経済学と政治学の接点にある問題の研究に集中している。本書もそうした関心の中で書かれたものであり、組織（企業や国家を含む）の活動が低下していく際に、どのような行動が活動を改善するのかという問題を扱う。

経済学では、「完全競争」という架空の状態が想定される。例えば、ある企業の生産する財やサービスの質が低下した場合、①企業の業績は回復（回復の過程は問われない）して元に戻るか、②製品の質が低下した結果、製品は売れなくなり、その企業は倒産してその資源が他の主体に再分配され、結果的に有効利用されるか、①②のどちらかになる。そこで、消費者の行動は、製品の購入を止める（=《離脱》）ことにのみ焦点が当たることになる。

一方、政治学では、政府業績の低下（政策的失敗である場合も、政府の腐敗である場合もある）に対して、選挙その他のかたちで、有権者の不満が表明される（=《発言》）のは、普通のことである。しかし、政治学では（経済学とは逆に）政府業績が悪化しているのに有権者が支持を続ける、という現象にあまり注意が向いていない。

経済学からも、政治学からも盲点になっている、この《離脱》と《発言》をどのように組み合わせて、組織をどのように改善するのかという問題を考察することが、本書の中心的な内容である。

◇ 注目点❶ 《離脱》の機会がなければ、《発言》の可能性が増える

《離脱》とは、提供される財・サービスの質低下に対応して、その購入を止めることである。これは代替的な財・サービスの購入が可能なのであれば、比較的簡単にできる。《発言》とは、財・サービスの質低下に対応して、その改善を要求することである。これは単に購入を止めることとは違い、コストがかかる。また、改善要求が受け入れられるかどうかは、自分の提供者に対する影響力次第である。

ハーシュマン『離脱・発言・忠誠』　95

したがって一般に、《発言》は《離脱》よりも高コストであり、困難である。しかし、人を《発言》に向かわせる要素も存在する。それは《離脱》のコストが高い場合である。例えば、高級品と低級品の2つの市場があるとしたら、高級品の客のほうが、製品の質低下に発言する可能性が高い。客は高級品に高いコストを払っているし、乗り換えもしにくいからである。このことをつき詰めると、《離脱》の機会がなければ、《発言》の可能性が増え、商品の質を改善できる可能性が上がるかもしれない。独占企業は、わずかな離脱の機会を作っておくことにより、製品に文句をつける口うるさい顧客をそちらに逃がし、自社の独占を安定的に維持しようとする可能性がある。ただ日本のような島国にとって、他国は言語や文化が違うので、《離脱》が困難である。このため、日本では政治的対立が制限され、対立が妥協で解決されがちである。

このように、《離脱》の可能性と《発言》の間には複雑な関係が存在している。

◇ 注目点❷　《忠誠》を選択することは《発言》の機会を温存することである

《忠誠》とは、商品の質が低下しているのに、《発言》もせず、《離脱》もせず、黙って商品を買い続けることである。このような行為は一見して、非合理的であり、《忠誠》を選択する人は損しかしていないように見える。しかし、《離脱》が不可能な場合（先に述べた日本のような条件、または家族や親密な関係のような集団）では、《忠誠》を選択することは《発言》の機会を延ばすことである（ある商品の質が無限に悪くなっていくなかで何もせず、何も思わない人はいない）。すなわち《忠誠》は《発言》の準備段階となる。商品の質低下に対してすぐに《離脱》することが《発言》の可能性を低下させるのに対して、《忠誠》は《発言》の可能性を温存することに役に立っている。

では、どのような場合に《忠誠》の役割が高まるのだろうか。例えば、先の場合とは逆に、似たような組織がすぐ隣にあり、人はいつでも組織を《離脱》して似たような別組織（ひいきの野球チームやサッカーチームなど）に移れるとする。もしファンがあるチームの成績低下に対し不満をもち、すぐ簡単にひいきのチームを変えてしまうのなら、そのチームが成績上昇に努力する理由は薄くなる。黙って応援し続けることが、成績改善の可能性を増やしている場合もあるのである。

◇ テキスト

ミネルヴァ書房から、三浦隆之訳『組織社会の論理構造──退出・告発・ロイヤルティ』（1975年）、矢野修一訳『離脱・発言・忠誠──企業・組織・国家における衰退への反応』（2005年）と、新旧二つの訳が出ているが、新訳（矢野訳）がよい。ハーシュマンの生涯についての詳細な「訳者補説」と、旧訳に触れつつ原著の基本ターム "Exit" "Voice" "Loyality" を、それぞれ「離脱」「発言」「忠誠」と訳出した意図を述べた「訳者あとがき」も理解を深めてくれる。

（永山博之）

ポリアーキー

ダール Robert Alan Dahl, 1915-2014
Polyarchy: Participation and Opposition:1971

 米国の政治学者。ワシントン大学卒業、イェール大学大学院で博士号。政府機関勤務後、陸軍へ志願入隊（第二次大戦でヨーロッパ出征）。戦後、イェール大学政治学部教授、同大学名誉教授。ヨハン・スクデ政治学賞受賞。

『ポリアーキー』
（高畠通敏・前田脩訳、岩波書店、2014年）

「自由化」と「参加の権利」、二つの次元で民主化の成立を整理

◇内容

「ポリアーキー（polyarchey）」とは、ギリシア語の多数（poly）と支配（arkhe）を組み合わせた「多数の支配」という意味で、著者ダールによる造語と言ってよい。一般には耳慣れないこの言葉が意味するところは、民主化に関わる下の図によって示される。

◇注目点❶ 公的異議申立てと参加の権利

ダールは、民主化を二つの次元から成り立つものと整理した。

一つが「公的異議申立て」（図の縦軸）である。これは、政府に対する自由な批判がどの程度許されているのか、さらには政権獲得をめぐる実質的な競争がどの程度存在しているかに関わる次元であり、「自由化」と言い換えることもできる。

もう一つは「参加の権利」（図の横軸）である。これは、選挙に参加して公職に就く権利がどの程度広範囲の人々に認められているかに関わる次元であり、「包括性」とも言い換えられる。

そして、この二つの次元を満たしている程度によって、政治体制は四つに大別される。

ともに基準を満たした体制（図の右上）、すなわち「高度に包括的で、かつ、公的異議申立てに対して広く開かれた体制」が、ポリアーキーである。また、これに準ずる体制を「準ポリアーキー」としている。

≪「公的異議申立て」と「参加の権利」の関係≫

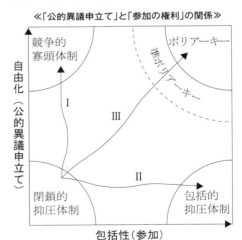

［出典］ダール『ポリアーキー』（三一書房、1981年）、p.11を参考に作成。

逆に、どちらの基準も満たさないのが「閉鎖的抑圧体制」である（図の左下）。

そして、公的異議申立ては可能、すなわち政権交代の機会はあるが、政治参加の権利が一部の人々に限定されているのが「競争的寡頭体制」であり（図の左上）、例えば、二大政党による政権交代が定着していたが、普通選挙制は未だ導入されていなかった時代（1918年以前）のイギリスなどが典型である。

これに対して、参加の権利は広範に認められているが公的異議申立てができない、すなわち、政権交代の機会はないのが「包括的抑圧体制」であり（図の右下）、普通選挙制が導入されながらも政府批判が制限されていた帝国期のドイツ（1871〜1918年）が典型とされる。

◇ **注目点❷ 民主化の経路を示す**

閉鎖的抑圧体制からポリアーキーへの経路は、図が示すように三つある。

「Ⅰ」は、まずは競争的寡頭体制を経た後にポリアーキーへ至る経路（自由化が包括性に先行）である。

「Ⅱ」は、まずは包括的抑圧体制を経た後にポリアーキーへ至る経路（包括性が自由化に先行）である。

「Ⅲ」は、自由化と包括性が、同時に（一挙に）ポリアーキーへと至る経路であるが（例：革命期のフランス）、このなかでは「Ⅰ」の経路が最も一般的な歴史的展開であるとしている。

ただし、ダールはすべての国が必然的にポリアーキーへ至ると考えていたわけではなく、また、逆のルート、すなわちポリアーキーから他の体制へと退行する可能性も想定していたことは留意しておきたい。

◇ **テキスト**

本書では日本への言及も随所にある。特に第二次世界大戦の敗戦後、連合軍による占領下において、日本がまさに、ポリアーキーへと移行するなかで、「君主制の保存が、新しい競争政治に伝統的な正統性を与えるのに役立った」（第3章）として、戦後の民主化に天皇制の存続が寄与したと評価しているのは興味深いところである。

原書の出版年は1971年。1981年に出版された最初の邦訳（三一書房版）は絶版だが、2014年に岩波書店から文庫版で『ポリアーキー』（高畠通敏・前田脩訳）として出版されているので、現在は比較的手軽に入手できる。同書は、巻末の宇野重規による解説から読むと理解しやすい。ダールと訳者の高畠通敏との対談（初出は1977年）も掲載されている。

（石上泰州）

正義論

ロールズ　John Bordley Rawls, 1921-2002
A Theory of Justice：1971

著者　アメリカの政治哲学者。プリンストン大学卒業後、陸軍入隊。太平洋戦線に従軍、被爆直後の広島を実見し衝撃を受ける。英国オックスフォード大学留学後、コーネル大学を経て、ハーバード大学教授。

『正義論〔改訂版〕』
（川本隆史・福間聡・神島裕子訳、紀伊國屋書店、2010年）

「正義は社会の制度がまずもって発揮すべき効能である」

◇内容

　社会の基本的な制度やルールがいかにあるべきかを論じた記念碑的著作。「真理が思想の体系にとっての第一の徳であるように、正義は社会の制度がまずもって発揮すべき効能である」（第1節）。全3部・全9章・全87節からなる文字通りの大著である。

◇注目点❶「原初状態」から導かれる「正義の二原理」

　まず第一部「理論」では、現代の立憲デモクラシーにもっとも適合した正義の原理が検討される。『正義論』でもっとも有名なパートである。従来の最有力説だった功利主義によれば「最大多数の最大幸福」を達成するような制度やルールこそが正義にかなっている。だがこの考えは、相応の説得力をもつものの、少数者の犠牲可能性・他者収奪的な効用の算入・統治に受動的な人格像という難点を抱えている。こうした問題は、功利主義が単一の価値や視点を前提にすることから生じる。

　ロールズは対案として、社会契約論のアイデアに注目する。複数の人びとが公正な条件下で同意可能な原理こそが、社会の基本的ルールにふさわしい。そしてこのとき無知のヴェールが重要な役割をはたす（第24節）。この仮説的契約では、誰もが自分がどのような特性をもつのか、いかなる社会的立ち位置なのかについての情報をシャットアウトされる。つまり契約当事者は、自分たちだけに有利な選択をしないよう、公正な仕方で設定されている。これが「原初状態」である。

　ここから正義の二原理が導かれる。具体的には、平等な基本的諸自由の原理（第一原理）／公正な機会の平等の原理（第二原理前半）／格差原理（第二原理後半）であり、まとめて〈公正としての正義〉と称される。『正義論』は大反響をよぶが、〈もっとも不遇な人びとへの優先的配慮〉を要請する格差原理はさまざまな論争をよびおこした。

◇注目点❷ 財産所有のデモクラシー ―― 単純な福祉国家の擁護ではない

　つづいて第二部「制度」では、正義の二原理がどのように具体化されてゆくのかが論じられる。『正義論』の主題は、個人の行為ではなく、社会制度の正しさである。

例えば恵まれた人であっても、法律にそむかず税金をきちんと納めていればひとまずはそれでよい。とはいえそのためには、政治や経済上の制度が正義の二原理を体現している必要がある。

ロールズはそうした社会を〈財産所有のデモクラシー〉とよぶ（第43節）。この体制は市場メカニズムがもたらす自由や効率性を擁護するが、同時に経済的格差の増大や政治権力の偏（かたよ）りを防ぎ、平等な自由を実現するため、各人に財産所有（property-owning）をたしかなものとして保障する。これに対比されるのが〈福祉国家型の資本主義〉である（『公正としての正義 再説』第42節）。それは、再分配によって一定の平等を確保するものの、そもそもの社会構造が不正であるような体制とされる。例えば福祉サービスはそれなりに充実しているが、ジェンダー格差が放置されている社会は、〈福祉国家型の資本主義〉ではあっても〈財産所有のデモクラシー〉とはいえない。つまり『正義論』は、男性稼（かせ）ぎ主（ぬし）モデルに基づく、かつての日本型福祉社会のようなレジームを支持するものではない。福祉においても公正さが重要なのだ。

◇ 注目点❸ 政治社会の安定性 ── 支持をうみだす制度

最後に第三部「目的」では、正義の二原理が実際の人びとにも受容可能であることの論証が目指される。すなわち第一部とは異なり、もはや無知のヴェールを被（かぶ）っていない人間の心理が対象となる。社会的協働が可能であるためには、さまざまな価値観＝善の構想をもつ現実社会の人びとが同一の正義の構想に同意することが必要だが、ロールズはこれを〈正と善の一致〉の問題とよぶ（第60節、第86節）。いいかえれば、社会制度はたんに正義にかなっているだけではなく、みずからに対する積極的な支持をうみだすものでもなければならない。

それでは、正義感覚はいかにして育まれるのだろうか。ロールズが強調するのは、社会の基本構造が正義にかなっていること、そして社会内部に多種多様なアソシエーションが存在することである（第67節）。そうした世界であれば、人びとはさまざまな仕方で、自分の生き方に価値を見いだすことができるからだ。つまり正義にかなった社会とは、自尊（self-respect）という道徳感情を配慮する社会でもある。『正義論』以降の著作でも、ロールズは〈正と善の一致〉を最重要の課題だと考えつづけた。

◇ テキスト

川本隆史（かわもとたかし）・福間聡（ふくまさとし）・神島裕子（かみしまゆうこ）訳『正義論〔改訂版〕』（紀伊國屋書店、2010年）。ただし大著であるため、最初の一冊としては『公正としての正義 再説』（田中成明（たなかしげあき）・亀本洋（かめもとひろし）・平井亮輔（ひらいりょうすけ）訳、岩波書店、2004年〔岩波現代文庫版、2020年〕／原著：*Justice as Fairness: A Restatement*, 2001）も良いかもしれない。こちらは大学での講義ノートを入念に書き直したもので、『正義論』への手引きとなる一冊である。

（田中将人）

決定の本質

アリソン Graham Tillett Allison, 1940-

Essence of Decision: Explaining the Cuban Missile Crisis：1971（1999, 2nd ed.）

著者　米国の政治学者。ハーバード大学卒業後、同大学で博士号取得。ハーバード大学ケネディ行政大学院初代院長、教授。民主党クリントン第一次政権で、国防次官補として対ロシア政策を担当した。

『決定の本質——キューバ・ミサイル危機の分析［第2版］』（全2冊、漆嶋稔訳、日経BP社、2016年）

キューバ危機が生んだ「理論に基づいた実証分析」の成果

◇内容

　本書は1962年10月に起こった「キューバ危機」を素材として、アメリカとソ連、両政府の外交政策決定過程の分析を行った研究である。著者アリソンは、アメリカが海上封鎖を決定するまでの7日間の政策決定過程について、レベル（焦点を当てる次元）が異なる三つのモデルを分析概念（レンズ）として用いたが、この研究は、政治学における「理論に基づいた実証分析」のレベルを大きく向上させた画期的なものである。

◇注目点❶ 合理的行為者モデル

　第一のモデルは「合理的行為者モデル」である。これは政府を単一の合理的行為者とみなす、いわば一人の人間の意思決定とみなす伝統的な合理的意思決定モデルである。アリソンはこのモデルについて「目的によっては、政府の行動とは、単一の合理的な意思決定者 - 中枢で統制され、完全な情報を有し、価値の最大をはかる意思決定者が選択した行為である」と説明する。国家の擬人化は、もっとも単純に政策過程を抽象化する古典的なものである。この伝統的なモデルに対して、「政策過程における組織と政治的行為者」に焦点を当てる分析枠組みとして提示されたのが、第二、第三のモデルということになる。

◇注目点❷ 組織過程モデル

　第二モデルは「組織過程モデル」である。このモデルは、議会や行政などの政府を構成する組織の相互作用から政策決定を説明するものである。合理的行為者モデルとは異なり、政策は上位にある政府が決定するのではなく、政府を構成する各下部組織がルーティンで決定したことの結果として形成される。「政府の行動は、意識的な選択というよりも、行動の標準的形式に従って機能している大きな組織の出力である」。

　したがって、政策は状況の変化に応じて臨機応変に判断されて作り上げられたのではなく、組織のルーティンの結果ということになる。これは第一モデルで説明されるような合理性とは異なり、ルーティンという限定的に合理的な組織の行動の集積が最終的な結果となるというモデルということになる。

◇ 注目点❸ 政府内政治モデル

第三モデルは政府内（官僚）政治モデルである。これは各プレイヤーがどのような地位にあり、権限や影響力を持ち、それらのプレイヤーの間でどのような交渉が行われるか、というゲームに焦点を当てて政策決定過程を分析するモデルとなる。

「行為者は単一ではなく、多数のプレイヤーから成っており、これらのプレイヤーはひとつの戦略的問題に焦点を当てるのではなく」、「また、首尾一貫した戦略目的を持ち行動するのではなくて、国家的、組織的、個人的目標に対する異なった概念従って行動する」とされる。

それぞれのプレイヤーは国家の利益、組織の利益、個人の利益を有しそれらにしたがって行動するが、さまざまな目的が主張されるので競争と調整が重要なファクターとなる。要するに、このモデルは政治過程におけるプレイヤー間の「競争的」ゲームに焦点を当てており、決定を組織的出力とみなす第二モデルよりも、よりミクロな視点から政策決定を「かけひきゲームの結果」とみなすのである。

つまり、政策は、合理的に判断されて作り上げられた作品ではなく、組織のルーティンの結果でもなく、プレイヤー間の駆け引きの結果ということになる。

◇ 注目点❹ 社会科学への貢献

レベルの異なる三つのモデルを用いたアリソンの分析は、同一の政治現象を分析しても採用するモデルにより異なる結論が得られることを示した。また、完全合理性の仮定を緩めることにより、より現実的な分析ができることも示している。このことは分析者がいかなる"レンズ"を採用するかによって、説明変数の重要性（ないし説明能力）が変わってくること、そして得られる知見も変わってくることを意味している。

これらのモデルはそれぞれ部分的な、そして、相互補完的な分析概念といえるものである。また、社会科学においてある種のグランド・セオリーを求めていた理論経済学に代表される主流派とは異なるアプローチであるとも言える。しかしながら、現実の政策決定過程を分析する学問あるいは外交実務等において、アカデミックにもプラクティカルな意味で大きな貢献をなしたと言えよう。

◇ テキスト

原著第2版の翻訳である日経BPクラシックス版（Ⅰ・Ⅱ、漆嶋稔訳、2016年）が、手に入りやすい（なお第2版は、アメリカ国務省参事官〔国家安全保障担当〕・バージニア大学教授〔その後スタンフォード大学フーヴァー研究所上級研究員〕のフィリップ・ゼリコウ〔Philip David Zelikow, 1954- 〕が共著者となり、新資料によって初版を全面的に改訂したもの）。興味のある人は、初版の邦訳である中央公論社版（宮里政玄訳、1977年）と比較してみるとよい。

（佐藤公俊）

アナーキー・国家・ユートピア

ノージック Robert Nozick, 1938-2002

***Anarchy, State, and Utopia*：1974**

　米国の哲学者。学生時代の一時期、社会主義に共感していたともいわれる。コロンビア大学で学び、プリンストン大学で博士号取得。ハーバード大学教授。なお、本書以外の著作の多くは哲学専門書。

『アナーキー・国家・ユートピア
――国家の正当性とその限界』
（嶋津格訳、木鐸社、1992年）

リバタリアニズムが理想とする「最小国家」の正義

◇内容

　現代正義論の一翼を担う「リバタリアニズム」（自由尊重主義）の代表的な名著。ノージックによれば、「暴力・盗み・詐欺からの保護、契約の執行などに限定される最小国家は正当とみなされる。それ以上の拡張国家はすべて、特定のことを行うよう強制されないという人々の権利を侵害し、不当であるとみなされる」（邦訳書〔以下同〕p.ⅰ）。

　そして、「最小国家は、正当であると同時に魅力的である。ここには、注目されてしかるべき二つの主張が含意されている。即ち国家は、市民に他者を扶助させることを目的として、また人々の活動を彼ら自身の幸福（good）や保護のために禁止することを目的として、その強制装置を使用することができない」（p.ⅰ-ⅱ：圏点は邦訳書のまま）とする。

◇注目点❶　「超最小国家」から「最小国家」へ

　第一部では、ロック（→16ページ）流の「自然状態」、つまり個人の自由が最大限尊重される社会における、「保護協会(protective association)」という仕組みを想定した。

　そして、(1)「暴力・盗み・詐欺からの保護、契約の執行など」に直面した人々は、お互いの権利を保護するため警備と保険の機能をもつ複数の「保護協会」を形成し、これに加入する。(2) 各地域の複数の「保護協会」は、市場競争を経て「支配的保護協会」へと移行する。この支配的保護協会は、防衛・取り立て・処罰など何物にも優る執行力を備えた「超最小国家」となる。(3) ただし「超最小国家」は、そこに「居住していながら加入を拒み、自分の権利が侵害されたかどうかを自分で判定すること、および（もし侵害されたと判定する場合には）侵犯者を処罰したりその者から賠償を取立てたりする権利を個人的に執行すること、を主張する人々のグループ」である「独立人たち」が存在するため道徳的に許されない（p.37）。(4) そのため「独立人たち」の自由を奪うことの賠償として、彼ら以外の人びとが費用を負担して、「独立人たち」にも等しくサービスを提供（強制力を行使）する「最小国家(minimal state)」へと導かれる、とされる。

ノージック『アナーキー・国家・ユートピア』　103

◇注目点❷ 福祉国家や社会主義体制を正当化しない「権原理論」

　第二部では、所得の再分配など「最小国家」以上の役割を果たす福祉国家や社会主義体制といった「拡張国家」は、人々の権利を侵害するがゆえに正当化されないとする。

　その根拠は、ノージック独自の「権原理論」(the entitlement theory) に由来する。

　権原理論とは、①：獲得の正義の原理に従って保有物を獲得する者は、その保有物に対する資格〔権原〕をもつ。②：ある保有物に対する資格〔権原〕をもつ者から移転の正義の原理に従ってその保有物を得る者は、その保有物に対する資格〔権原〕をもつ。③：以上の、①と②の（反復）適用の場合を除いて、保有物に対する資格〔権原〕をもつ者はいない (p.256)――とされる。これらを「歴史的原理」と唱えており、原始の獲得からの移転のみで現時点での獲得の分布が正当化される原理を指す、という。

　これに対して、ロールズ（→98ページ）などの「分配の正義」は、「結果状態原理」として批判される。すなわち、「正義の現［時点での］時間断片［しか問題にしない］原理」であって、これを退ける。たとえば、再分配を目的とした課税は、人々の勤労により得られた獲得物に対する不当な侵害であり、「強制労働」に等しいと断言し、否定する。

　ただし、「ロック的但し書き」を踏まえているので、保有物の正義の対象とされるものは限定的とされる。

◇注目点❸ 「最小国家」はユートピアとしても魅力的である

　第三部では、ユートピアをまず「可能的世界」の中で最善の状態であるとする。だが、現実の我々の社会は、ユートピアを「複数の可能的世界というモデル」から構成された「枠(the framework〔枠組み〕)」と捉える。そして、次の三つのユートピア論を示した。（ア）全員に唯一のコミュニティーを強制することを許す「帝国主義的ユートピア主義」、（イ）特定のコミュニティーに入ることを説得し、または確信させようとする「伝道的ユートピア主義」、（ウ）「必ずしも普遍的にではなくともある特定のパタンのコミュニティーが存在し（存続可能であり）、そうしたいと思う者がそのパタンに従って生きることができることを希望」する「実存的ユートピア主義」(p.518)――である。

　ノージック自身は「実存的ユートピア主義」に属するとし、第一部と第二部の想定ではなく、人々が気質・興味・知力などにおいて、異なる事実から出発するならば、多様な国家観を認めつつ、「最小国家」が魅力的で最善のユートピアだと帰結する。なぜなら「最小国家」が、道徳的にも論理的にも、正義に適った国家であるからに他ならない。

◇テキスト

　ロバート・ノージック著『アナーキー・国家・ユートピア――国家の正当性とその限界』（嶋津格訳、木鐸社、〔2分冊〕1985、1989年／〔全1冊〕1992年）。

（桑原英明）

立法府

ポルスビー Nelson Woolf Polsby, 1934-2007

Legislatures：1975

米国の政治学者。ジョンズ・ホプキンス大学卒業、イェール大学で博士。カリフォルニア大学バークレー校（UCB）教授。議会研究で知られ、各国の比較で類型にそって議会を分析する手法を確立した。

『議会政治〔第4版〕』
（加藤秀治郎・水戸克典編、慈学社、2024年）

議会についての比較研究により、「変換型」「アリーナ型」の類型を確立

◇内容

議会については、その重要性に比して文献が少なく、特に日本では研究が乏しい。ポルスビーは議会につき包括的に研究し、立法府の存在しない政治システムや、存在しても名ばかりの独裁的な諸国があること、さらには立法府が専門分化していない小規模な政治システムでも、立法活動がそれなりになされていることが分析されている。

重要なのは先進諸国での議会の相違が大きいことで、アメリカ型とイギリス型は、まったくと言ってよいほど異なる。議員が立法作業を実質的に担うアメリカ議会と、与野党の討論に存在意義を認めるイギリス議会がある。ポルスビーは前者を「変換型」、後者を「アリーナ型」と類型化して、先進国の議会を比較する枠組みとした。

◇注目点❶ 同じ議会でも英米ではまったく役割が異なる。形式的な機構論ではダメだ

同じ議会（立法府）といっても、イギリスとアメリカでは大きく異なるが、わが国ではこの点の認識が乏しく、日本の国会についての議論も漠然としている。こういう現状では、ポルスビーの類型が極めて有益であり、それを踏まえて議論できると、それだけで生産的になる。

呼称については、ドイツ語での類型を先に紹介すると分かりやすい。アメリカのように、議員が大量のスタッフを抱え、自ら法案の立案・修正に大きく関わる議会は、仕事をする「立法作業の議会」である。それに対して、イギリスの議会のように、与野党が討論して、論点が明確になればそれでよいというのが、「論戦の議会」である。国民は次の選挙にそれを役立てれば良いという割り切り方をする。

ポルスビーは、英米に代表される二つのタイプは、「連続的なスペクトルをなして分布し」、間に他の国の議会が位置付けられる、とした。一方には、アメリカのように、「いろいろ出される要望をまとめ、法律に変換する自立的能力を有する立法府がある」。これが「変換の議会」である。対極には、「論戦の場」で「重要な政治的諸勢力が相互作用を展開する」類型がある（「アリーナ議会」）。

重要なのは、これが「単純な憲法上の相違とは別の形」で存在していることだ（第7節）。憲法論的な議論だけでは、意識できない論点があるのだ。

✧注目点❷ 立法府の基本的条件は、もちろん憲法上の規定である

もちろんポルスビーも、憲法などでの規定を無視してはいない。次のように述べて、それを確認している（この点でも日本では、議院内閣制の下では党議拘束なくしては運用できないにもかかわらず、それに否定的な議論が散見されるのであり、注意したい）。

> 「現代の民主諸国では、立法府は各政治システムにどう位置づけられているかで、大きく異なっている」。「最も明白な相違はもちろん憲法上の体制であり、議院内閣制か、〔完全な〕権力分立の制度〔大統領制〕かである」（第6節）。

この引用文では〔 〕の中に言葉を補ったが、わが国では議院内閣制も権力分立の一つ、という理解しかしない人が少なくないから、正しい理解は怪しくなってくる。ともあれ議院内閣制か大統領制かにより、党議拘束の存否などが決まってくることが重要である。

✧注目点❸ 多数派の形成、会派やその運営、補助スタッフの問題はこれに関連する

日本の国会については、議員の法案の作成・修正が少なく、そんなことなら定数を削減せよと言われる。しかし、アメリカ連邦議会では（当時の）平均で、下院議員に17人、上院議員に41人もの秘書が公費で雇われ、立法活動を支えている。他に立法顧問局や議会図書館調査局にも大量のスタッフが存在する。議員の立法活動には、大量のスタッフが必要なのである。ポルスビーは、そのような点も実によく書き込んでいる。

イギリスの議会はどうかというと、官僚などが法律案作成に協力するのであり、アメリカのように、議員の活動に大量の補助スタッフは必要ではない。実際の立法は内閣が担っているのである。「生き馬の目を抜くような米国連邦議会の有様に慣れた人には」、イギリス議会の「ゆったりしたペース、活気のなさ、はたまた議会内外の業務スペースの狭さは印象深い」という（第6節）。

わが国では第二次大戦後、アメリカをモデルにした議会改革が、「接ぎ木」のように導入され、国会はイギリス議会とアメリカ議会がモザイク模様のように重なっており、混乱が生じやすい。ポルスビーは、その辺にも目が向くように書いており、貴重である。

✧テキスト

邦訳は、水戸克典ほか編『議会政治〔第4版〕』（慈学社、2024年）に所収の「立法府」。長編論文を訳したもので、小冊子ほどの分量があり（*Handbook of Political Science*, Vol.5, 1975. pp.257-310.）、これだけで一通りのことは理解できる。「変換型」「アリーナ型」などの用語だけは公務員試験などにも出題されるほど広まっているが、じっくり読んで言及している論文は多くない。惜しまれることである。

（加藤秀治郎）

静かなる革命

イングルハート Ronald F. Inglehart, 1934-2021
The Silent Revolution: Changing Values and Political Styles Among Western Publics；1977

  米国の政治学者。ノースウェスタン大学卒業、シカゴ大学で博士。ミシガン大学教授。長期間にわたり、世界の各国で全国的な調査（世界価値観調査）を推進。2011年、ヨハン・スクデ政治学賞を受賞。

『静かなる革命――政治意識と行動様式の変化』（三宅一郎ほか訳、東洋経済新報社、1978年）

世論調査から分析された社会・個人の変化と政治への影響

◇内容

本書でイングルハートは、欧米各国で行われた世論調査のデータ（のちの「世界価値観調査：WVS」など）を用いて、(1) 社会全体の変化（例：経済成長、年齢層ごとの経験の相違、教育水準の上昇等）が人々の価値観や技能に変化をもたらしたこと、(2) 個人の価値観や技能の変化が社会全体の帰結（例：政治的争点に対する態度、政治参加の様式等）に対して、いかなる影響を与えたのかを、4部構成・全13章立てで詳細に議論している。

◇注目点❶ 手に入れにくい欲求がまず優先され、その優先順位は保持される

イングルハートは、価値観の変化を説明する上で、「教育水準の向上」「職業構造の変化」「マスコミ網の発展」等の変化に加え、「第二次世界大戦後の繁栄を経験したこと」と「戦争が行われなかったこと」が重要であると述べ（邦訳〔以下同〕p.24）、次のような予測を導く。

- ◎ 大恐慌や世界大戦等、不安定な状況の下で育った世代は、秩序の維持や経済の安定等、物質的条件を反映する価値を重視する。
- ◎ 第二次世界大戦後、経済的な繁栄を経験し、大戦を経験することがなかった世代は、経済上の安定や、身体の安全にそれほどこだわらない。

これらの予測は、以下の2つの仮説から導き出されている（pp.24-25）。第一に人間は、「なんであれ手に入れにくい欲求を優先させる傾向をもつ」という仮説、第二に人間は、「ひとたび人格形成期に確立された一定の価値優先順位を、成年期全体を通して保持する」という仮説である。

第一の仮説は、アメリカの心理学者マズロー（A.H.Maslow,1908-1970）の「基本的欲求の階層理論」に依拠している。マズローによると、「人々は異なる欲求を実現しようと行動し、これらの欲求は生存自体に照らしてどの程度切迫しているかを基準に追求される」。そして欲求には、「生理的欲求」「身体の安全に対する欲求」「自己実現の欲求」などの階層があり、人々は手に入りにくい欲求を優先させうるという。

イングルハート『静かなる革命』　　107

　また、第二の仮説は、第一の仮説を補完する役割を果たす。すなわち、人格が形成される幼少期の経験と、そこで形成された基本的な性格が、追求する欲求に影響を及ぼすと考えられている。

◇ 注目点❷ 価値観の変容と、その政治的帰結 ──「物質主義者」と「脱物質主義者」

　イングルハートは、上記の予測の妥当性を、欧米各国で行われた世論調査のデータを分析し、示している。例えば、秩序の維持や経済的利益の保護等を求める人々を「物質主義者」、言論の自由や政治参加等を求める人々を「脱物質主義者」と位置付け、物質主義者は年齢層が高い世代に多いこと、脱物質主義者は若い世代や高学歴の人々に多いこと等を示している（第二部「価値観変化」）。

　さらに、価値観の変容によってもたらされた政治的帰結についても論じている。例えば、社会階級に基づく政治の対立軸が退化しつつあることや（第三部「政治亀裂」）、政治参加のスタイルが、政党組織や労働組合等の伝統的チャネルを通して動員を受け、エリートから外発的に「導かれる」という従来の形から、エリートに内発的に「挑戦する」という形に変容しつつある可能性等を議論している（第四部「認知動員」）。

◇ 注目点❸ 日本における価値観の特徴、および欧米との異同

　本書では、欧米とは異なる日本における価値観の様態についても、日本の政治社会学者・綿貫譲治(1931-2015)らの研究を引用しながら、議論されている。イングルハートは「日本は、めざましい経済的・社会的変化を経験した」(p.105)とする一方で、価値観に影響する要因として、過去の経済状況に加え、性別にも着目する。

　例えば欧米では、男性に比べて女性は、やや物質主義的であるものの（男性2、女性3の割合）、日本では、脱物質主義的価値観を有する女性の数は、男性の半分にも満たない。また欧米では、性別ごとの割合の違いは、若い層において小さくなる傾向にある。しかし、日本では、そのような傾向は観察されていない。20〜24歳における物質主義者と脱物質主義者の割合を性別ごとに確認すると、男性は両者の割合が同程度であるのに対して、女性は物質主義者の数が脱物質主義者の7倍に達している。また、女性の脱物質主義者の数は、同年齢層の男性の4分の1にも満たない。イングルハートは、「性別の比率がこれほど極端な国は欧米にない」とし、「日本では、女性の役割は、脱物質主義的価値観の発展を強力に阻害する影響を及ぼしそうである」(pp.107-108)と論じている。

◇ テキスト

　邦訳は、ロナルド・イングルハート著、三宅一郎・金丸輝男・富沢克訳『静かなる革命 ── 政治意識と行動様式の変化』（東洋経済新報社、1978年）がある。

　　　　　　　　　　　　　　　　　　　　　　　　　　　　　　　　　（重村壮平）

正しい戦争と不正な戦争

ウォルツァー Michael Walzer, 1935-
Just and Unjust Wars: A Moral Argument with Historical Illustrations : 1977

 著者 米国出身の政治学者。ブランダイス大学卒業後、ケンブリッジ大学へ留学。帰国後ハーバード大学で博士号取得。プリンストン大学、ハーバード大学教授を経て、プリンストン高等研究所名誉教授。

『正しい戦争と不正な戦争』
(萩原能久監訳、風行社、2008年)

現実主義も平和主義も共に批判する「正戦論」の核心

◇内容

アメリカの政治理論家による本書は、1977年の初版刊行以来、正戦論の現代的古典として認知されている。「正戦論(ジャストウォーセオリー)」は、戦争においても正不正の判断を行うことができるという前提のもと、現実の戦争をより正しいものと、より不正なものとに選り分ける一連の基準を示すことで、戦争そのものの強度と範囲に制約を設けようとする理論である。本書は、古今東西の歴史的事例や政治家・政策決定者の議論に基づきつつ、戦争に関する私たちの共通道徳を分析・評価している(全5部、全19章構成)。

本書は正戦論の観点から、一方で戦争の是非は道徳的判断の対象には馴染まないとする現実主義(リアリズム)に対して(第1章)、他方であらゆる戦争は本来的に不正であり決して許されないとする平和主義(パシフィズム)に対して(あとがき)、批判的に応答している。加えて、戦争責任の問題についても詳論している(第5部)。

ここでは、正戦論の中心軸である開戦法規と交戦法規に的を絞って本書の特徴を概観する。

◇注目点❶ 戦争の正当原因は、今でも「侵略に対する自衛」なのか

第一に、戦争それ自体の正否を規律する「開戦法規(jus ad bellum〔ラテン語〕)(ユスアドベルム)」について(第2章、第2部)。国際法上、戦争の正当原因として認められる理由は、侵略に対する自衛である。ウォルツァーはこれを、「国内類推」の論理に位置づける。この論理に従えば、侵略とは、ある国家が別の国家の領土保全と政治的独立への権利を直接侵害することであり、逆に自衛とは、ある国家がその権利を直接保全することである。

ただし近年の世界では、人道的介入、対テロ戦争など、こうした自衛と侵略の二分法的枠組みに必ずしも馴染まない国際紛争の事例が生じている。例えば人道的介入の場合、被介入国は、外国に対して軍事的脅威を与えているわけではない。にもかかわらず外国が軍事的干渉を行うとすれば、これは被介入国の国家主権を侵害するものではないだろうか(第6章)。

◇注目点❷ 「兵士の道徳的平等性」とは

第二に、戦場での戦い方の正否を規律する「交戦法規（jus in bello〔ラテン語〕）」について（第3章、第3部）。とくに重要なのが、戦場において、敵味方問わずどのような民間人も意図的な攻撃の対象にされるべきでないという条件、すなわち戦闘員と非戦闘員の区別（非戦闘員保護）原理である。正しい戦闘行為とは戦闘員同士の戦いのことであって、敵味方問わずそこに民間人を巻き込んではならない。

本書によって広められた交戦法規上の想定に、「兵士の道徳的平等性」がある。この想定によれば、自衛戦争など正しい戦争を戦う戦闘員と、侵略戦争など不正な戦争を戦う戦闘員は、民間人とは異なり、武装して危害的である点で同等であり、道徳的地位としてどちらが優越しているともいえない。それゆえ、どちらが殺害し、また殺害されても、そのあいだに道徳的差異はない。

◇注目点❸ 「正しい」戦争の勝利の可能性を低めても、「正しい」戦い方に固執すべきか

第三に、開戦法規と交戦法規が相反する「戦争のジレンマ」問題について（第4部）。両法規の正否は、独立別個である。大義を備えた戦争であったとしても、敵国民間人の無差別攻撃のような手段に訴えてはならない。私たちは正しい戦争を正しく戦わなければならないのだ。ここでのジレンマは、正しい戦争の勝利の可能性を低めることになったとしても、なお正しい戦い方に固執すべきかという点である。

具体的にウォルツァーは、「最高度緊急事態」と呼ばれる、一国家や一民族の存亡がかかった切迫かつ危機的な事態においては、たとえ民間人であったとしても、他国民を意図的に攻撃することが免罪されうると論じる（16章）。第二次世界大戦時、ドイツ諸都市への戦略爆撃を行ったイギリスの置かれた状況が、ウォルツァーが想定する最高度緊急事態の唯一の実例である。ただし彼の評価では、この状況も独ソ戦の開始（1941年6月）やアメリカ参戦（同年12月）を経て終了していたはずである。

本書は、現在までに第5版まで刊行され、そのつどそれぞれの時代状況に則した新たな序文が付け加えられている。また今世紀以降、本書の諸議論に対して批判的に応答するかたちで、その根本的見直しをはかる修正主義的正戦論の機運も生まれている。本書は、その時々の実践的諸問題と照らし合わせながら絶えず再検討され、今なお問題提起の役割を果たし続けている。

◇テキスト

マイケル・ウォルツァー『正しい戦争と不正な戦争』（萩原能久監訳、風行社、2008年）。なおこの邦訳は、原著第4版（2006年）によっている。

（松元雅和）

パワーと相互依存

コヘイン Robert Owen Keohane, 1941-
ナイ Joseph Samuel Nye Jr., 1937-
Power and Interdependence: World Politics in Transition : 1977

[R.O.K.]米国の政治学者。ハーバード大学で博士。プリンストン大学教授。アメリカ政治学会会長。2005年、ヨハン・スクデ政治学賞受賞。
[J.S.N.] (→156ページ)

『パワーと相互依存』
(滝田賢治監訳、ミネルヴァ書房、2012年)

非対称的な相互依存関係こそ、国際政治のパワーの源

◇内容
　本書は、1960年代から盛んになった「相互依存論」を、政治学的な視点から理論的にまとめて提示した相互依存論の古典的研究である。特に、「敏感性」と「脆弱性」は、情報化とグローバル化が進展した現在においても通用する重要な概念である。

◇注目点❶　「リアリズム」では説明できない領域や国家間関係とは
　著者であるコヘインとナイは、本書において経済的相互依存関係が拡大すると、世界政治の特徴はどのようなものになるのかを明らかにしようとする。彼らは、本書以前から「国境を超えるアクター（政治活動の主体）間の関係」（トランスナショナルな関係）の重要性を指摘しており、本書の議論はその系譜にあるといえる。
　ただし、"トランスナショナルな活動によって国民国家(ネーションステート)が退場しつつある"とする近代主義者の考えに対しては、否定的立場をとる。一方で、軍事的安全保障関係のみから国家の行動を説明しようとする伝統的な立場、すなわち、リアリズムでは説明できない領域や国家間関係が存在することに注目する。つまり著者は、相互依存の概念を用いることで「リアリズムとリベラリズムを統合しようと試みた」といえる。

◇注目点❷　「敏感性」と「脆弱性」という二つの次元が生むパワーの役割
　本書によれば、まず「相互依存関係とは，極めて単純に定義すれば，相互に依存している状態を意味する。世界政治における相互依存関係とは，国家間，あるいは異なった国々のアクターの間の相互作用によって特徴づけられる状態を意味する」。
　このような一般的な定義のもとで、相互依存関係が国際政治のパワーに対してどのような影響を与えるのかを分析している。そして、「相互依存関係におけるパワーの役割を理解するには敏感性と脆弱性という二つの次元を区別しなければならない」とする。まず敏感性とは、「1国における変化が他国におけるコストのかかる変化をどのくらいの速さで引き起こすのか，そして，そのコストをかけて生みだした効果はどの程度大きいのか」を指す。また敏感性は、政策枠組み(わくぐ)の内部の相互作用によって生

み出されるため、政策枠組みが変化しないことを前提としているといえる。

　一方で、脆弱性とは、政策枠組みを変更しうる場合、つまり「もっと多くの選択肢が存在し，今までにはない新しい(今までとは)異なった政策をとることが可能な場合」に、外的変化に適応するためにかかるコストのことを指す。

　そして、アクター間の「非対称的な相互依存関係」は重要な「パワーの源泉」となりうるという主張が、本書の最大のポイントである。

✧注目点❸ 国際政治の現実は、「リアリズム」と「複合的相互依存」の間にある

　以上のように本書は、新たな「パワーの源泉」を指摘した上で、相互依存関係の政治を分析するのに「リアリズム」の仮説は不適切であるとして「複合的相互依存関係」(complex interdependence)という理念型を提示する。

　まず、リアリズムにおいては、①国家が第一義的なアクターであり、②軍事力が政策を遂行するための優越的な手段であり、③軍事的安全保障を頂点とするイシューの階層性の存在を、基本的な前提とする。

　これに対し、複合的相互依存の世界では、❶脅威認識の変化や武器使用が不合理なものになることで軍事力の役割が低下し、❷明確に優先順位をつけられない多様なイシュー(課題)領域が存在し(イシューの非階層性)、❸国家だけではない多様なアクターによる多様なチャネルの存在を、前提とする。

　こうした特徴を持つ複合的相互依存の世界では、国家政策の目的や手段が変化し、また、特異な政治過程が起こることで、リアリズムの世界とは異なる政治結果が生まれうるという。ただし「複合的相互依存関係」は、あくまで世界政治のほんの一部だけを特徴づけているに過ぎない。例えば、アメリカとカナダの関係において軍事力は大して重要ではなく、もはや両国関係において上位に位置づけられる問題ではなかった。

　しかし、アメリカと旧ソ連の関係や、中東、アフリカ、アジアの多くの国々において軍事力は依然として極めて重要であり、そうした状態を分析するには「リアリズム」の方が適切である。

　「国際政治のほとんどの現実は，極端なこれら2つの理念の間のどこかに位置づけられる」という本書の洞察は、半世紀後の今日、より重い現実として理解されよう。

✧テキスト

　邦訳は、ロバート・O・コヘイン、ジョセフ・S・ナイ『パワーと相互依存』(滝田賢治監訳、ミネルヴァ書房、2012年)。原著は1977年初版以降、1989年2版、2001年3版、2011年4版と版を重ねている。邦訳は第3版に基づいている。

（長久明日香）

国際政治の理論

ウォルツ　Kenneth Neal Waltz, 1924-2013

Theory of International Politics；1979

 米国の政治学者。オーバリン大学卒業（専攻は数学と経済学）、コロンビア大学で博士（政治学）。第二次大戦（戦後、日本駐留）、朝鮮戦争に従軍。カリフォルニア大学バークレー校教授、同名誉教授、コロンビア大学客員教授。

『国際政治の理論』
（河野勝、岡垣知子訳、勁草書房、2010年）

「理論」を「歴史」から切り離し、国際政治学に画期をもたらした一冊

◇内容

　ウォルツは、国際政治学における「ネオ・リアリスト」を代表する学者であり、国際政治の理論研究者として、また、非常に論争的な学者として、大きな影響力を発揮した。

　本書は彼の代表作であり、国際政治学において「理論」を「歴史」から切り離した画期となった本である。ウォルツの論敵であったネオ・リベラルや構築主義の理論も、それらが理論として洗練されたのは、本書の影響を受けてのことであり、国際政治学理論は、"ウォルツ以前"と"ウォルツ以後"で大きく変わったと言ってよい。

◇注目点❶「帰納主義」と「還元主義」に基づく"理論"を厳しく批判

　ウォルツは、社会科学における理論が満たさなければならない条件を提示し、既存の国際政治理論は、理論として必要な条件を満たしていないとする。彼が批判する既存理論の第1の特徴は「帰納主義」つまり、より多くのデータを集めればよりよい理論ができる、という考え方である。ウォルツは、データはデータにすぎず、データ量が増えること自体に意味はないとする。理論とは、変数と変数の間の関係が、なぜそのようになっているかを説明する理屈のことである。事実からそのまま説明が出てくることはない。

　第2の特徴である、「理論は現実のトレースだ」という考え方も拒否する。模型飛行機が飛行機そのものをトレースしたものとは違うのと同様、理論は、現実の重要な部分を取り出して再構築することで、現実をよりよく把握するためのものである。

　第3の、ウォルツが最も厳しく批判するポイントは、「還元主義」、つまり「全体は部分を足し合わせたもの」として見る考え方である。国際政治理論における還元主義とは、各国の指導者の行動を分析することで国際政治を理解できる、あるいは各国の国内政治の分析から国際政治を理解できるという考え方をいう。

　ウォルツは、ホブソン（J.A.Hobson, 1858-1940：イギリスの経済学者）とレーニン（→38ページ）、ガルトゥング（J.V.Galtung, 1930-2024：ノルウェーの社会学者）、ウォーラーステイン

（I. Wallerstein, 1930-2019：アメリカの社会学者）、ローズクランス（R.N. Rosecrance, 1930-2024：アメリカの政治学者）、ホフマン（S. Hoffmann, 1928-2015：フランス出身の政治学者）、カプラン（→66ページ）ら、国際政治学の主要な理論家とみられている人々を手厳しく批判する。彼らは間違っているか、説明になっていない、とする。

　また、それらマルクス主義やリベラリズムの論者だけでなく、リアリズムの代表的な論者であるモーゲンソー（→64ページ）やキッシンジャー（H. A. Kissinger, 1923-2023：アメリカの外交官、政治学者）の方法とも決別する。それらも「還元主義」だからである。ウォルツは、「理論」は国際政治の重要な現象を適切に説明できなければならないとする。どのような条件で戦争が起こりやすいのか、または起こりにくいのかという問いに答えなければならない（特定の戦争の原因説明は「理論」の役割ではない）。

◇注目点❷ アナーキーな国際政治を安定させるものは何か

　ウォルツは、国際政治は国内政治と基本的に異なる構造をもつとする。ユニット間の分化がなく、アナーキーで、ユニットの能力だけが異なるようなシステムが国際政治である。このことを前提とすると、国際政治システムの特徴を決定するのはユニットの能力の分布、言い換えると国際政治における大国の数である。大国の数が1の場合（1極）、2の場合（2極）、3以上の場合（多極）に分けられる。3以上は4でも5でも同じである。

　国際政治のシステムが安定すること、つまり大国間戦争がないことの条件は、国際システムがアナーキーであり、それを構成する大国の数が変わらないことである。逆に言えば大国の数が変わろうとする時には、国際政治のシステムは不安定になる。国際政治を安定化させようとする政策がバランス・オブ・パワー（勢力均衡）である。この政策が国際政治において普遍的に追求される理由は、アナーキーである国際政治の中で、国家は自助によって安全を確保しなければならず、どの国家も自国が自律的な存在であることを望むからである。

　では、2極システムと多極システムはどちらが安定的なのか（1極システムが地球レベルで存在したことはない）。ウォルツは2極システムの方が多極システムよりも安定的であるとする。2極システムの方が単純で不確定性が少ない。システムの安定を維持するためのコストを大国が払いやすいのも2極システムである。このことが国際政治の歴史的パターンを最もよく説明するのである。

◇テキスト

　邦訳書は、ケネス・ウォルツ『国際政治の理論』（河野勝・岡垣知子訳、勁草書房、2010年）。

（永山博之）

沈黙の螺旋理論

ノエル=ノイマン Elisabeth Noelle-Neumann, 1916-2010

Die Schweigespirale（独）/*Spiral of Silence*（英）：1980

 ドイツの政治学者。ケーニヒスベルク・アルベルティーナ大学、ベルリン大学に学ぶ。戦前訪米、帰国後米国の世論調査に従事。戦後、アレンスバッハ世論調査研究所を設立、主宰。マインツのグーテンベルク大学教授。

[改訂復刻版]沈黙の螺旋理論
——世論形成過程の社会心理学』
（池田謙一・安野智子訳、
北大路書房、2013年）

孤立を恐れる少数派は黙り、多数派の声はますます大きくなる

◇内容

1965年のドイツ連邦議会選挙でおきた選挙結果の現象について、エリザベート・ノエル=ノイマンが世論形成の過程の社会調査を行って実証分析を試みた。

「自分の意見は少数派である」、または「そうなりそうだ」と判断した人は、孤立を恐れ、沈黙する。そして、このような孤立への恐怖について、ある考えに対する賛否の世論分布を把握する。逆に、自分が多数派だと認知した人は声高に発言する。世論過程の社会心理学的研究を代表する理論仮説である。

◇注目点❶ 世論形成過程における多数派意見と少数派意見

私たちは、意見の強弱や世論形成の問題が疎遠なものなのか、身近なものなのか。また提案や意見の機会の有無などを評価し、どのような状況下において孤立していくのか。それらを把握しようとする。つまり、自分の周囲の社会環境を、私たち自身が思っている以上によく観察しているのである。いわゆる意見の状況（意見の風土）観察をおこなうわけである。

そして、優勢な意見と自分自身の意見とが、同一であるのか否かを確認する。仮に、自分自身の意見と社会における優勢な意見とが同一であるなら、自分の意見について自信が高まり、孤立の危険を検討せず自分の意見を表明することが可能になる。

しかし、自分の意見が優勢ではないと確認できた場合は、自らの意見を公表することによって、自分自身が孤立してしまう可能性を恐れて、自分自身の意見を公に公表しようとしない。そして、多数派になびく現象を起こすわけである。

◇注目点❷ 「らせん状」の理論化とメディアの影響

すなわちノエル=ノイマンは、人々が自分の意見を周囲の状況から判断して、積極的に主張したり、反対に沈黙したりすることによって、優勢な世論をらせん状に作り上げていくプロセスを、「沈黙のらせん状仮説」として提起した。

ノエル＝ノイマン『沈黙の螺旋理論』　　115

　わかりやすく言えば、多数派意見は勢いを増し、その支配的イメージを拡大させ、他方、少数派意見は沈黙化の傾向を深めていくわけである。時には、多数派への雪崩現象のような勢いのある状況まで引き起こしてしまうこともある。同調への社会心理的圧力である。

　人々の態度や行動に影響を与える要因として、周囲の状況を重視している点も特徴的である。特にマスメディアは、世間の意見形成やその状況認識において強い影響力を持っている。このメディアの影響力は、認知レベルのみならず態度、行動にまで関係しているものである。つまり、メディアが持続的に特定意見を提示することで、多数派の声が大きくなり、少数派は沈黙に向かうのである。

◇ 注目点❸ 世論概念の成立過程の探求と理論仮説の成立にむけて研究は続く

　本書では、マスメディアの世論への影響力や少数派と多数派の関係、政治的な意見の表明と沈黙のメカニズム、世論形成過程の社会心理学について検討しているわけだが、後半の26章「世論の理論をめざして」、27章「世論の潜在機能・顕在機能：まとめにかえて」の二つの章は、読み応えがある。

　　「本書の第一版では合理的な世論概念には言及せず、準拠集団やグループ・ダイ
　　ナミックスの研究にも触れなかった。私の目的は主に、いまやっと気づくに至
　　った社会統制としての世論の再発見による新しい見解を記述することにあった。
　　……(中略)……今後は準拠集団、グループ・ダイナミックス、大衆心理学といっ
　　たものと、社会統制としての世論との交互作用とを検討していく必要があろう」
　　（池田・安野訳、1997年版より）。

　以上は、ノエル＝ノイマンの最後の指摘だが、これは「沈黙のらせん状仮説」理論のさらなる実証研究の必要性を、彼女自身が指摘しているといえよう。

◇ テキスト

　ノエル＝ノイマン『沈黙の螺旋理論——世論形成過程の社会心理学〔改訂版〕』（池田謙一・安野智子訳、ブレーン出版、1997年）。本書の「訳者解題」でも説明されているが、「理論は評価するが文章はわかりにくい」（p.293）といわれてきた。この訳者解題は、読み進める上でとても役立つ。同書は長く入手が難しかったが、『沈黙の螺旋理論——世論形成過程の社会心理学〔改訂復刻版〕』（池田謙一・安野智子訳、北大路書房、2013年）が出版されている。原書とともに図書館などで調べてみることをおすすめする。

　　　　　　　　　　　　　　　　　　　　　　　　　　　　　　　　（佐々木孝夫）

民族とナショナリズム

ゲルナー Ernest Gellner, 1925-1995
***Nations and Nationalism*：1983**

 ユダヤ系チェコ人（出生はパリ）で、プラハ時代にナチの迫害を逃れ英国に亡命。オックスフォード大学で社会人類学、LSE（内容参照）で政治学を学ぶ。20年以上LSEで教え、晩年はプラハの中央ヨーロッパ大学ナショナリズム研究センター所長。

『民族とナショナリズム』
（加藤節監訳、岩波書店、2000年）

ナショナリズムとは「近代」が産み出したものである

◇内容

ゲルナーは、プラハで育ったが、やがてイギリスにわたり、エディンバラ、ロンドン・スクール・オブ・エコノミクス（LSE）、ケンブリッジ各大学の教授として、哲学、歴史学、人類学を講じた。これらの広い分野において多数の著書を持つ碩学であり、ナショナリズム研究でも大きな足跡を残した。本書は、彼の主著の一つであり、アンダーソン（→118ページ）の『想像の共同体』と並ぶナショナリズム論の代表的な労作である。

本書では、「治者」と「被治者」な考え方は近代以降に実現したから、ゲルナーはナショナリズムを近代社会の産物と断じるのである。すなわち、ゲルナーは「近代主義（modernism）」の主唱者の一人である。これに対して、ナショナリズムは近代以前から存在していたという立場を「原初主義（primitivism）」という。なお、「近代主義」の名付け親は、LSEでゲルナーの教え子だったスミス（→148ページ）だが、スミス自身はゲルナーと異なり、ナショナリズムは近代社会の産物であるという立場をとっていない。

◇注目点❶ 「産業化」による社会変化が「国民」を生んだ

ゲルナーは、ナショナリズムとは、ある政治体（国家と考えてよい）の構成員が同じ文化を共有していなければならない（国民が自分の国家の主でなければならない）という考えをとる。例えば、日本は日本人の国、フランスはフランス人の国、ロシアはロシア人の国でなければならないという考え方である。

ゲルナーが、ナショナリズムの成立に大きな役割を果たしたと考えるのは「産業化」である。産業化が社会構造を変え、その結果としてナショナリズムが生まれた。では、産業化以前にナショナリズムがなかったのは、なぜなのか。ゲルナーによれば、産業化以前の農耕社会には、社会のエリートと一般民衆はまったく異なった世界に生きていた。エリートは、土着の農耕民から選ばれたのではなく、通常、他から来た。違う文化を持ち、言葉も農耕民とは異なる言語を話していたことが多かった。

そもそも産業化以前には、文字を読めるのはエリートだけであり、農耕民は字を読

むことができなかった。したがって、本を読めるのはエリートだけ、歴史や詩もエリートの独占物だった。エリートは書き言葉に基礎を置く文化を共有し、農耕民にはそれはできなかった。

　しかし「産業化」で事情は全く変わった。最も重要なことは、産業社会は成長を必要としており、そのために社会の流動化と見知らぬ者同士のコミュニケーションが必要になったことである。それを支えるために公教育制度と標準言語の設定が行われた。そのため、高文化（識字能力、教育に基礎づけられたコミュニケーションシステム）が、一部の貴族層から、広く大衆的に共有されるようになった。

　そうした社会変化が、ある土地を支配すべきなのは、新しく共有された高文化を同じくする人々^{ネーション}なのだという考え方を育てたのである。多様な文化を持つ人々から成り立っていた帝国は解体され、さまざまな文化（言語や物語）を持つ集団ごとに再編された。その過程で、いくつかの文化は十分な支持者を獲得できないまま、消滅し、あるいはマイナーなサブカルチャーにとどまることになった。新しいリーダーと支持者を得て、自分たちの物語を形成できた文化が国民^{ネーション}となり、自分たちこそが国家の主人公なのだという主張を政治的に展開できた。

◇注目点❷ 権力、教育、文化の共有が作り出すナショナリズムの形態

　ゲルナーは、権力と教育への機会が、社会集団の中でどのように分布するかによって、社会におけるナショナリズムの形態を理解できると考える。

　権力者も非権力者も、同じような教育の機会をもつ場合、国民が等しくナショナリズムを共有するような、例えば、西欧諸国のリベラルなナショナリズムが成立する。

　一方、権力者は教育を受けているが、非権力者は教育を受ける機会を持たない場合には、例えば東欧、南欧にみられる、出自や歴史的共同性を強調するナショナリズムが成立する。そして、権力者が教育の機会をもたず、非権力者に教育の機会がある場合には、「ディアスポラ・ナショナリズム」（故郷を離れた移民が、その故国に対してナショナリズムを持つ状態）が成立する。

　ゲルナーは、権力、教育、文化の共有がナショナリズムを決めると考えたのである。

◇テキスト

　邦訳書は、アーネスト・ゲルナー『民族とナショナリズム』（加藤節監訳、岩波書店、2000年）がある。

（永山博之）

想像の共同体

アンダーソン Benedict Richard O'Gorman Anderson, 1936-2015

Imagined Communities: Reflections on the Origin and Spread of Nationalism：1983

 英国系アイルランド人（出生は中国）の政治学者。第二次大戦中に米国経由で渡英。ケンブリッジ大学で古典学を学び、渡米してコーネル大学でインドネシア研究を専攻。コーネル大学教授（政治学・アジア研究）。

『定本 想像の共同体──ナショナリズムの起源と流行』（白石隆・白石さや訳、書籍工房早山、2007年）

多くの言語で「国民」に読まれているナショナリズム研究の古典

◇内容

「国民（ネイション）」や「国民主義（ナショナリズム）」は、民族対立を背景にもつ内戦や国家間戦争、移民や難民を巡る社会統合の問題に代表されるように、我々の政治生活に大きな影響を与えている。

本書では、「国民」は、近代以前から絶えず存在するものではなく、近代において出版産業の発展に伴う出版物の普及を通じて、人々の心の中で想像された「文化的人造物」であると定義される。本書は、その「国民」がいかにして歴史的存在となり、その意味がどのように変化し、なぜ人々の情念を揺さぶるほどの正統性をもつようになったのかを明らかにしている。「国民」を近代の「文化的人造物」と定義した本書は、2006年までに30カ国、27の言語で出版され、まさにナショナリズム研究の古典の地位を占めている。

◇注目点❶「国民」とはイメージとして心に描かれた「共同体」である

本書によれば、「国民」は、ナショナリストが一般的に想定するような歴史的に連続し、実体を伴う存在ではなく、〔イメージとして心の中に〕「想像されたもの」である。人々は、心の中で、一度も会ったことのない人間のことを、同じ時間と空間を共有する同胞として想像する。この「国民」は、一定の領域に限定され、主権国家的なものとして、さらに、お互いに水平的な深い「同志愛」をもつものとして心に想像される。

そして、「この同胞愛の故(ゆえ)に、過去二世紀にわたり、数千、数百万の人々が、かくも限られた想像力の産物のために、殺し合い、あるいはむしろみずからすすんで死んでいったのである」。

◇注目点❷「出版資本主義」が新しい共同体の「想像」を可能にした

この"想像の共同体"としての「国民」観念は、いかにして歴史的存在となったのか。中世時代までは、人々のアイデンティティに意味を付与していたのは宗教共同体の影響力であった。しかし、近代になり、その宗教共同体の影響力が減退する中で、新たに人々の世界理解の仕方に影響を与えるようになったのは、新聞や小説に代表される、出版物を媒介として想像された「国民」の観念である。

この「出版資本主義」は、19世紀後半から特に発展し、当初は少数の特権階級の
ラテン語話者を市場としたが、すぐに飽和状態となり、その後は、一般民衆の言葉で
あるさまざまな俗語(英語、フランス語、ドイツ語などの現地語)話者を市場として展開
するようになった。「この新しい共同体の想像を可能にしたのは、生産システムと生
産関係(資本主義)、コミュニケーション技術(印刷・出版)、そして人間の言語的多様
性という宿命性のあいだの、なかば偶然の、しかし、爆発的な相互作用であった」。

以上のような出版物の普及を通じての「俗語ナショナリズム」の発展に貢献したの
は、出版物の生産者としての辞典編纂者、言語学者、文学者などである。19世紀末には、
このような、民衆を中心とした「俗語ナショナリズム」の展開に対して、周辺化され
つつあった多民族帝国(ロシア帝国やハプスブルク帝国など)の君主は、王朝支配の正統
性を国民観念と結び付ける戦略として、俗語を国家語とし、公教育を通じて上から強
制するようになった(公定ナショナリズム)。

◇ 注目点❸ ナショナリズムの起源がヨーロッパでなく南北アメリカである理由

従来、ナショナリズムは近代ヨーロッパの産物として描かれることが多かったが、
本書は、ナショナリズムの起源は南北アメリカ大陸にあるとする。そこでは、宗主国
(イギリスやスペイン)に対して、植民地のクレオール(純粋のヨーロッパ系の出自をもつが、
南北アメリカで生まれた者)役人たちが植民地行政単位の首都を中心に移動(巡礼)するこ
とを通じて形成された同胞意識と、クレオール印刷業の発展とが相まって、19世紀初
めに主権国民国家形成を目指す独立運動が生じたのである(クレオール・ナショナリズム)。

◇ 注目点❹ なぜ人々は"想像された共同体"のために殺し合い、死んでいくのか

以上のように、本書では"想像の共同体"としての「国民」化のモデルとして、近代
出版資本主義の展開を基軸に、俗語ナショナリズム、公定ナショナリズム、クレオー
ル・ナショナリズムのような類型が示されている。本書の後半の章では、このように
想像された共同体(しかも、たかだか二世紀にしかならない)のためになぜ人々が殺し合い、
むしろ進んで死んでいくのか、という本書の中心的問いについて考察がなされている。

本書では、その答えを、原初性、同時存在的な共同性といった特徴をもつ「国民」
言語の歴史的宿命性という点に求めている。しかし、人間が自らの命を捨てるほどの、
愛国心を抱ける理由を、共通の言語を基盤とした"想像の共同体"という視点だけで
十分説明できるのかについては、やや疑問が残る。

◇ テキスト

『定本 想像の共同体——ナショナリズムの起源と流行』(白石隆・白石さや訳、書籍工房早山、
2007年)。

(荒木隆人)

国民国家と暴力

ギデンズ Anthony Giddens, 1938-
The Nation-State and Violence：1985

『国民国家と暴力』
(松尾精文・小幡正敏訳、
而立書房、1999年)

 英国の社会学者。ハル大学、LSE(ロンドン・スクール・オブ・エコノミクス)で学び、ケンブリッジ大学で博士号取得。LSE教授、学長。労働党ブレア政権(1997〜2007)のブレーンとして、「第三の道」「ラディカルな中道」といった政策を支えた。

批判と有効性の議論から明らかになる国家の役割とは

◇内容

　原書、日本語翻訳版とも400ページにわたる大著である。ただギデンズの著作は膨大ではあるが、本書の意図は明確である。「国民国家」の歴史的背景を政治的暴力、管理、資本主義といった視点から捉え直そうとした。政治的暴力に対する批判的理論について、従来の再帰性、構造化の概念とともに、その有効性を議論しているものである。

　なお「再帰性」(recursiveness)は、ギデンズの重要な概念の一つで、「社会の実際の営みが、その営みに関して新たに得た情報によってつねに吟味、改善され、その結果、その営み自体の特性を本質的に変えていくこと」(ギデンズ『近代とはいかなる時代か?』、邦訳1993年／原著 *The Consequences of Modernity*, 1990.) と説明されている。

◇注目点❶ 伝統的国家形態からの離脱と国民国家、そして資本主義の普及拡大

　ギデンズによれば、近代国家における暴力の問題は、マルクス(→30ページ)やデュルケイム(Émile Durkheim, 1858-1917)など著名な経済学者・社会学者であっても十分な説明がなされてきたとはいえない。マルクスは支配階級の道具である国家と暴力について論じ、デュルケイムは分業と有機的連帯と国家の関係について説明したが、どちらもその後の戦争・紛争の時代をみれば、説得力のある内容ではなかったことは一目瞭然である。

　国民国家は欧州で偶発的に生まれたものであり、ウェストファリア会議(1648年。ドイツ三十年戦争の終結で各国の領土が確定、それぞれの「主権国家」体制が確立)で国家同士が対等な存在として承認し、ユトレヒト条約(1713年。スペイン継承戦争の講和条約。スペインの衰退、フランスの譲歩、イギリスの躍進)によって新しい原則である「力の均衡」に基づく「国家間関係」の概念基盤を確立したと考えられる。

　また、資本主義の発生は、国家が信頼性を持ち、秩序を維持できることを求め、国境を確定し、国家が暴力手段を独占する原型を生み出した。資本主義は工業主義へと発展するだけでなく、職場の中央集権化、つまり、労働者は管理され、商品を生産する存在となった。

ギデンズ『国民国家と暴力』　121

◇注目点❷ 国民国家の発達とモダニティ

　19世紀後半のコミュニケーション手段の発達により、国家は国内の管理を効率的に行うようになり、社会的な「逸脱者」を監視・矯正する体制ができ上がった。具体的には、鉄道、郵便、電信による情報コミュニケーションと輸送コミュニケーションの分離、印刷技術、国内時間帯の統一などであるが、これらが国家による国民管理、規律的権力との結合（さまざまな監視）へと導いたというわけである。

　なお「監視」とは、相互に関連する2種類の現象、つまり「コード化された情報」の蓄積、支配権限を持つ地位にいる人たちが行う「直接的な指揮監督」である。民主主義の進展は、市民の国家からの自立を意味する一方で、国家による管理を強化し、社会的権利の拡大も同時に管理を伴うものとなった。

　これらの要素はギデンズによれば、モダニティを構成し、国民国家、資本主義、工業主義、管理・監視、暴力が交錯、結びつきながら発展してきた。つまり、モダニティの"再帰性"と密接に関係する4つの「制度群」、つまり、監視の増強、資本主義的企業経営形態、工業生産、それに暴力手段の中央集権的管理の強化、を見出すことができる。

◇注目点❸ グローバル化する世界と国民国家

　第一次世界大戦後、国民国家の基盤は広がり、国際組織が主権を制限しているが、国民国家の存在は強固であり、国際舞台での主役は国家である。

　国民国家、資本主義、工業主義、管理・監視、暴力などの要素は、偶発的に生まれた可能性もあるが、お互いに結びつきながら発展し、特に軍事力の問題に対する理論的な対処法が不足していると指摘されている。これは21世紀においても解決が難しい重要な課題である。

　本書は、1980年代の欧州を中心とした分析である。世界各国について、その後のグローバリゼーションと国民国家について、ギデンズは以後の著作の中で考察している（『暴走する世界』、邦訳2001年／原著 *Runaway World*, 1999.）。また、ギデンズは、国民国家と「ポリアーキー」（→96ページ）には、包括的な強い結びつきがあると指摘している（邦訳書p.230）こうした部分については、ぜひとも読者自身が、複数の彼の作品をひもといて、調べてほしい。

◇テキスト

　アンソニー・ギデンズ『国民国家と暴力』（松尾精文・小幡正敏訳、而立書房、1999年）。分量が多いが、政治学・社会学の必須文献であり、できれば原書とともに参考にしてほしい。また本文で挙げた『近代とはいかなる時代か？――モダニティの帰結』（松尾精文・小幡正敏訳、而立書房、1993年）、『暴走する世界――グローバリゼーションは何をどう変えるのか』（佐和隆光訳、ダイヤモンド社、2001年）など、ギデンズの他の著書とともに読むことをすすめたい。

（佐々木孝夫）

ロング・ピース

ギャディス John Lewis Gaddis, 1941-
The Long Peace: Inquiries Into the History of the Cold War : 1987

 米国の政治学者、軍事史家。テキサス大学で博士号取得。イェール大学歴史学部教授。冷戦史研究の専門家。20世紀前半の米国の著名な外交官・政治家ジョージ・ケナン(1904〜2005)の評伝ほか著書多数。

『ロング・ピース――冷戦史の証言「核・緊張・平和」』(五味俊樹ほか訳、芦書房、2002年)

色あせない「二極構造による国際システム」の分析

◇内容

ギャディスは冷戦史に関する多くの著作を残しているが、本書は比較的初期の頃のものである。米ソ(アメリカ合衆国とソヴィエト社会主義連邦〔ソ連〕)による冷戦が終結する直前の1987年に刊行された本書の議論は、冷戦史研究としては、もはや古いかもしれないが、米ソ二極構造の国際システムが人類史上、稀に見る安定(ロング・ピース)につながったという主張は、現在の国際政治を考える上でも示唆に富むはずである。

◇注目点❶ 米ソ協調の歴史的パターン

およそ半世紀に渡って決定的なイデオロギー的対立を抱えつつも、アメリカとソ連の間でついに直接的な武力紛争が生じなかったのはなぜか。歴史的な米ソ(米ロ)関係を概観したとき、そこには、「国内体制が大きく異なっているにもかかわらず、共通の脅威が存在すると協調を余儀なくされた」、というパターンが見いだせるとギャディスはいう。19世紀の大半はイギリスが、20世紀前半はドイツが、共通の脅威であった。そして第二次世界大戦後は、「米ソ双方が共滅するというきわめて現実的な脅威に対して、どうにか平和を維持することで協調してきた」。米ソ両国は異なった結果を期待したかもしれないが、「協調すべきときに協調してきたことは事実であり、その事実こそが、われわれの究極の利益がどこにあるのかを語ってくれている」。

◇注目点❷ 米ソ間の核抑止

アメリカが核兵器を開発してからソ連が報復能力を備えるまでの10年間、アメリカは圧倒的な優位にあったものの、ついに核の使用に踏み切らなかった。むしろ、この10年の間にアメリカ内では核使用を抑制する慣例が確立されていく。それはなぜか。アメリカに核の先制不使用を受け入れさせたものは、「〔力の〕不均衡という単純なジレンマであった。つまり、設定された目的に対してふさわしくない手段を、実際にどのように使うのか」、というアメリカの為政者たち認識が自己抑止につながったと本書は論じる。

◇ 注目点❸ 二極システムがもたらす安定

　米ソはイデオロギー的に激しく敵対しながらも、それが二国間関係、ひいては国際社会の破滅につながらなかったのは、「両国がその敵対的なイデオロギーを国際秩序の維持という目標に従属させた」ことが決定的な要因であった、とギャディスは指摘する。そして、両国がイデオロギーを国際秩序の維持に従属させた要因が、"二極システム" という当時の国際システムであった。

　二極システムは、ソ連にとっては自身がシステムの一極であることを保証するものであった。そのため、ソ連は「(二極システムが)一定の便益をもたらしてくれると認め、資本主義を倒すという目標にこだわらない国家に転換した」。またアメリカは、二極のうちの一極であるソ連を完全に打倒することで、国際政治のバランス・オブ・パワー〔力の均衡〕が崩れることを恐れた。そのためアメリカは、「冷戦時のいかなる時点でも、政治的目的として、世界の一大勢力ソ連の消滅を真剣に企てたことはなかった」という。

　ギャディスは本書の最後を次のように締めくくる。

　「いまから一〇〇年後の歴史家たちが——そのときまで歴史家という職業が存続していればの話だが——われわれの時代をどのように振り返るだろうか。少なくとも彼らがわれわれの時代を『冷戦』ではなく、むしろメッテルニヒやビスマルクの時代のように、まれにみる『長い平和』(Long Peace) として、気に入って記録することはないだろうか〔メッテルニヒは19世紀前半オーストリア帝国の、ビスマルクは19世紀後半ドイツ帝国の政治家〕。希望的観測かもしれない。勝手な憶測にすぎないのだろうか。しかしわれわれは、少なくとも、どのようにしてこれが実現するのかという問題——それを実現させるための現代国際システムの中の諸要素——に対して、戦争の原因と同じように多大な関心を払う必要があるのではないだろうか」。

◇ テキスト

　邦訳は『ロング・ピース——冷戦史の証言「核・緊張・平和」』(五味俊樹・坪内淳・阪田恭代・太田宏・宮坂直史訳、芦書房、2002年)。なお、ギャディス自身が冷戦終結後に上梓した『歴史としての冷戦——力と平和の追求』(原題：*We Now Know: Rethinking Cold War History*, 1997 ／邦訳：赤木完爾・齊藤祐介訳、慶應義塾大学出版会、2004年)で、新たに公開された史料を用いつつ、イデオロギー闘争としての冷戦を強調して描いていることからも、今や、力の均衡と二極システムによる安定という観点のみでは冷戦を説明しきれないことは明らかである。しかし、冷戦の最中にあって、"なぜ冷戦が生じたのか" ではなく、"なぜこれまで熱戦に至らなかったのか" を、米ソ間の歴史という時間軸を視野に入れ、かつ、国際システムが米ソの対外行動に及ぼす影響を中心に観察した同時代史としての本書の価値は、今でも色褪せない。

(湯川勇人)

大国の興亡

ケネディ Paul Michael Kennedy, 1945-
The Rise and Fall of The Great Powers；1987

著者 英国出身の歴史学者。ニューカッスル大学で学び、オックスフォード大学で博士号。イースト・アングリア大学を経て、(米)イェール大学歴史学部教授、同大学国際安全保障研究所所長。本書は世界的なベストセラーとなった。

『決定版 大国の興亡
——1500年から2000年までの経済の変遷と軍事闘争』
(全2冊、鈴木主税訳、草思社、1993年)

経済と戦略の相互作用からみる近代国家の隆盛と没落

◇内容
　本書は、近代以降のさまざまな大国が国際体制のなかで富と権力を求め、豊かで強力な地位を確立あるいは維持しようと努力し、いかに興隆あるいは没落していったか、その軌跡を説明するものである。その際に著者が重視する視角は、経済と戦略の相互作用である。そのため、本書は決して単なる軍事の歴史書ではなく、経済史そのものを扱った本でもない。

◇注目点❶ 経済と軍事戦略の相互作用によって勝敗が決まる
　ケネディによれば、「近代においては、軍隊による長期の戦闘の結果として一つの大国が成功をおさめ、別の大国が崩壊する場合がほとんどだが、勝敗は戦時下で国家の生産的な経済資源が効率的に活用されたか否かにもかかっている」。
　歴史上の大国が直面した共通のジレンマは、「相対的な経済力が低下し、海外からその地位を脅かされたために、より多くの資源を軍事面に投入することを余儀なくされた結果、生産部門への投資が圧迫され、長期的には成長率のいちじるしい低下、重税、支出の優先順位をめぐる国内の意見対立によって、防衛面での責任負担能力が低下するというもの」だった。
　このように「軍事闘争」は、「経済の変遷」という文脈の中で考察される必要がある。

◇注目点❷ 経済成長率と軍事力の相対的地位が重要である
　各国の相対的な生産力が長期的にどのような傾向をたどっているかということは、政治的な力関係に影響を及ぼすからこそ大きな意味があり、各国の経済成長率のばらつきは、不可避的に一部の国の興隆と他の国の衰退を招く。
　これまでの国際体制に関するかぎり、富と力、経済力と軍事力はつねに相対的なものであり、また相対的にみられるべきものである。それらは相対的で、すべての社会が仮借ない変化の趨勢から免れられない以上、国際的なバランスは決して静止した状態にはなりえず、「そうした前提に立つ政府があるとすれば、それは愚かなこと」で

あると喝破される。それゆえ、「強国が戦時にどう戦うかと同じくらい、平時にその強国の地位がどう変わっていくか」が重要なポイントなのである。

◇注目点❸ 大国の寿命を脅かす二つの大きな試練

　ケネディは、歴史的にみた場合に、すべての大国の寿命を脅かす二つの大きな試練があると指摘している。すなわち、まず（1）軍事戦略の領域では、自国が要請される防衛力と、そうした責任を維持するために自国が保有する手段とのあいだのバランスを保てるか否かという問題がある。（2）それと密接に関連することだが、世界の生産のパターンの絶え間ない変動に応じて、国力の科学技術および経済的基盤を相対的な侵食から守れるかどうかという問題である。

◇注目点❹ 「興亡のジレンマ」と「手を広げすぎた帝国」の衰退

　大国たるためには、豊かな経済的基盤が必要であるが、戦争に突入することによって、国家は経済基盤を危機にさらすことになる。特に、所得の大きな部分を長期的な成長に投資している国にくらべて、その危険性は大きい。したがって大国は、危険が実在もしくは想定されるときに、軍事的安全を買って国民経済に負担をかけるか、あるいは防衛支出を低く抑えて自国の利益が他国の活動によって脅かされるのを容認するかという二つの選択のあいだで板ばさみになる（興亡のジレンマ）。

　つまり大国は、"双子の挑戦"を受けなければならない。第一は、経済成長の不均等なパターンであり、それによりある国は他国よりも相対的に豊かに、強大になる。

　第二は、海外で競争を強いられ、時として危険な状況にぶつかり、そのために直接的な軍事的安全保障を確保するか、それとも長期的な経済的安全保障を選ぶかの選択を迫られる。その際に適切な軍事支出の充当を怠れば、競争相手国がそれにつけこんだ場合それに対応することはできないが、反対に、軍備拡張に予算をかけすぎた場合——あるいは、それ以前に引き受けた軍事的義務をはたすために増大するコストを維持しようとすれば——国家に過度の負担をかけることになる。

　そして「手を広げすぎた帝国」は衰退を免れない。大国の衰退がはじまるのは、「自国内での安全を脅かされたからではなく、海外における国家権益が脅かされたから——権益が広い地域にわたるため、それをすべて同時に守ることが困難になり、しかもそれ以上の危険をおかすことなしにそのいずれかを放棄することも難しくなったから——」なのである。

◇テキスト

　ポール・ケネディ『決定版 大国の興亡——1500年から2000年までの経済の変遷と軍事闘争〔上・下〕』（鈴木主税訳、草思社、1993年〔邦訳の初版は1988年〕）

（柴田佳祐）

秩序を乱す女たち？

ペイトマン Carole Pateman, 1940-

The Disorder of Women: Democracy, Feminism and Political Theory：1989

 英国出身の政治学者。オックスフォード大学で博士号取得。シドニー大学講師などを経てカリフォルニア大学ロスアンジェルス校教授、同大学卓越名誉教授。英国学士院会員、米国政治学会会長。2012年、ヨハン・スクデ政治学賞受賞。

『秩序を乱す女たち？
——政治理論とフェミニズム』
(山田竜作訳、法政大学出版局、2014年)

男性を基準に作られてきた民主主義の根本問題を問い直す

◇内容

著者が主に1980年代にフェミニズムの観点から執筆した論稿を多く収録した論文集。従来の政治学が男性中心的であったために見落としてきた、社会契約や同意や福祉国家など民主主義をめぐる根源的な諸問題を問い直す、フェミニズム政治理論の基本書。

◇注目点❶ 「個人的なことは政治的である」というスローガン

1960年代に淵源を持つとされる「第二波フェミニズム」の有名なスローガンは、「個人的なことは政治的である」であった。これは、「政治」をもっぱら国家や政府の問題と考え、私的な事柄は政治学の研究対象ではないとする従来の常識に対して、根源的な挑戦となった。このスローガンは、一見して政治とは無関係とされる個人的・私的な領域に、実は支配・服従関係という「政治」が存在することを明らかにしたからである。ペイトマンは、政治学はこのスローガンを軽視すべきでないと考えた。

女性は多くの場合、生物学的に出産能力を持つことを理由に、「私的領域」（典型的には家庭）で家事・育児といったケア労働をするにふさわしい存在とされた。また、男性は理性的で「一般的に」何が正しいかを考える正義感覚を持つるとされるのに対し、女性は情緒的で夫や子どもなど「個別的な」存在への排他的愛情を強く持つと言われ、政治という公的な営みには向かないと見なされた。そうした女性を政治に参加させれば、秩序が乱されるというのである。

ペイトマンを含むフェミニストは、以上のような思い込みや決めつけが、女性を「公的領域」から排除し、しかも女性を男性より劣る者と見なし家庭内でも夫が妻を支配・統治するのを当然（自然）としてきたと批判する。こうした男性による女性支配はフェミニストが長い間「家父長制」として問題にしてきた権力関係であり、この視点からすれば権力の問題を国家や政府だけに限定はできないのである。

◇ 注目点❷ 女性の言う「ノー」は「イエス」を意味するのか？

　男女の性的関係が政治的意味合いを持つという場合、ペイトマンが重視するのが、女性が「ノー」と拒否の意思を表明しても「本当はイエスなのだ」と解釈されてしまう問題である。これは女性の意思表示が"無意味化"されるということである。性犯罪においてしばしば加害者は（被害者と）「同意があった」と思い込み、被害者は容易に名乗り出られない、という問題は根深く存在している。これは当事者間だけの私的な問題ではない。警察が被害届を受理しなかったり、被害を受けた女性が裁判で勝訴することが著しく困難であるというように、社会全体がまるごと女性に不利な構造となっている。

　本人が言ったことが言った通りの意味に受け取られないという点で、女性は独立した個人として扱われていない。自由民主主義の根本原理に「自由で平等な個人の間での同意」がある以上、同意を無意味にするこの問題は民主主義の根幹に関わる。ペイトマンはこうした問題を、拒否できない状況下での同意なるものは「服従」にすぎないと鋭く突いている。

◇ 注目点❸ 女性は対等な「市民」として認められない？

　すでに男女に普通選挙権が実現しているから、男女の間に民主主義の問題は存在しない、との通俗的な考えにペイトマンは異を唱える。選挙権は確かに「市民」の重要な権利だが、それはしばしば形式的なものに過ぎず、その「市民」像、あるいは市民であることを意味する「シティズンシップ」が男性を基準に考えられてきたことこそ問題であるという。

　ペイトマンによれば、シティズンシップの主な二つの要素は、国家防衛のための兵役と、賃金労働による経済的自立である。これらはいずれも「市民」を男性と想定している。一般に女性は武装しない存在と考えられてきたし、また結婚を前提に、稼ぎ主である夫の扶養家族として経済的に依存する者とされてきた。女性に多くの負担がかかる家庭内労働は「無償労働」であり、女性が賃金労働に従事する場合でも賃金は男性より低く抑えられている。しかも、家事や育児などのケア労働は、初めからシティズンシップの観念から排除されてきたために、どんなに女性がそれらの役割を果たしても、対等な「市民」とは扱われない。現実には女性は、男性より劣った市民（言い換えれば"二級市民"）と見なされるとペイトマンは指摘するのである。

◇ テキスト

　キャロル・ペイトマン『秩序を乱す女たち？——政治理論とフェミニズム』（山田竜作訳、法政大学出版局〔サピエンティア37〕、2014年）

（山田竜作）

コモンズのガバナンス

オストロム Elinor Ostrom, 1933-2012

Governing the Commons: the Evolution of Institutions for Collective Action：1990

 米国の政治学者、経済学者。カリフォルニア大学ロサンゼルス校（UCLA）卒業、同校で政治学博士。インディアナ大学教授、米国政治学会会長。1999年、ヨハン・スクデ政治学賞受賞。2009年、女性初のノーベル経済学賞を受賞。

『コモンズのガバナンス――人びとの協働と制度の進化』（原田禎夫ほか訳、晃洋書房、2022年）

「コモンズの悲劇」を回避するための第三の道

◇内容

誰でもが自由に利用できる共有資源にまつわる問題は、1968年、アメリカの生態学者ハーディン（G. Hardin, 1915-2013）によって「コモンズ（共有地）の悲劇（The Tragedy of the Commons）」として概念化された。以降、コモンズの持続可能な保全・管理のあり方をめぐっては、政府介入による法的規制か、所有権設定による私有化か、との二元論の下で論議されてきた。これに対して著者オストロムは、従来の定説を覆し、問題を回避・解決するための制度的仕組みを人々が自律的に自己組織化させるという、いわば第三の道の可能性を論証して見せた。今や定着した感のあるコモンズ概念と政治経済学における（新）制度論とを架橋する本書は、オープン・アクセスが招く資源枯渇問題の分析枠組みの確立・深化に、理論・実証の両面から多大な貢献をなした古典的名著といえる。

◇注目点❶ 個々人の利潤最大化行動がもたらす資源管理問題

万人に開かれた牧草地のようなコモンズは、利潤最大化をはかる個々人のそれぞれの牛の放牧が、やがては資源である牧草地そのものの枯渇・消失を帰結する。人々は、自ら放った牛から直接的な利潤を得るものの、牛が牧草を食い荒らすことでコモンズが荒廃することの損失・コストはその一部しか負担しないため、放牧する牛の投入を自ら管理・制限する動機付け・インセンティブを欠くからである。

オルソンが提唱した「集合行為論」（→88ページ）やゲーム理論にいう「囚人のジレンマ」に通ずる本問題は、森林、漁場、地下水のようなローカルな資源のみならず、今日では、気候変動やオゾン層破壊といった地球全体にわたるグローバルな資源のガバナンスの可否をめぐっても論議される。本書は、これら問題に横断・汎用的に適用可能な分析枠組みを、既存研究の手になるものを含む多数のフィールドワーク（事例研究）から得られた経験的知見に綿密に依拠しつつ、精緻に体系化した嚆矢となる業績といえる。なお、本書所収の事例には、スイス、日本、スペイン、フィリピン、アメリカ、スリランカ、カナダといったように、多種多様な国・地域が含まれる。

オストロム『コモンズのガバナンス』　　129

◇ 注目点❷ 資源管理のための制度の創発および維持はいかにして可能か

なぜ、あるコモンズは、人々が自律的に自己組織化する制度の下で適切に管理・保全されるのか。なぜ、そのような制度は生み出され、人々は自発的に管理ルールに遵守し、制度は維持されるのか。これらの問いに対して本書は、大要、下記の規準を満たすルールが示されれば、資源管理のための制度への信頼に値するコミットメント・関与が人々から得られることを明らかにした。例えば、

- ・コモンズを利用する人々が誰であるのかを定義するルール
- ・コモンズの特質と利用者集団とを適切に関連づけるルール
- ・コモンズの利用者自身によって設計されたルール
- ・コモンズの利用者に対して説明責任を負う主体によって、コモンズの利用状況が相互監視されるルール
- ・違反者に対する罰則が段階を追って強化されるように制裁措置を定めるルール

これらのルールに大多数の利用者が遵守することで、短期的な利潤最大化行動からよりもより高い利潤が得られるため、利用者は集合体として長期にわたりその制度を支える。

このようにして本書は、集団の外部から強制かつ権力的に課されるルールの存在がなくとも、自発かつ協調的に自らの行為選択を自己統治し、コモンズの持続可能性に資する制度が創発・定着する際の諸条件を定式化して見せた。

さらに本書は、利用者により自己組織化される制度が、ひいては利用者自身によって内部から変化を遂げ、外部環境に適応し得るとして、この点を分析するための枠組みを構成する変数を——例えば、利用者による利潤とコストの計算結果を左右する状況変数（situational variables）として——特定することで、「制度変化やその移行の可否」といった政治学や関連社会科学領域における今日的な探求命題をも先駆的に取り上げている。

◇ テキスト

本書訳書として、原田禎夫・齋藤暖生・嶋田大作訳『コモンズのガバナンス——人びとの協働と制度の進化』（晃洋書房、2022年）。関連する翻訳としては、以下の刊行物がある。オストロム、関谷登・大岩雄次郎訳「市場でも国家でもなく——集合的行動領域での変換過程を結びつけること」（『［ハンドブック］公共選択の展望 I』所収、多賀出版、2000年）。ほかに関連の文献として、小野耕二著「比較政治理論の変容」（『比較政治［社会科学の理論とモデル11］』第3章所収、東京大学出版会、2001年）、薮田雅弘著『コモンプールの公共政策——環境保全と地域開発』（新評論、2004年）。

(青木一益)

福祉資本主義の三つの世界

エスピン-アンデルセン Gøsta Esping-Andersen, 1947-

The Three Worlds of Welfare Capitalism : 1990

著者 デンマーク出身の社会学者。コペンハーゲン大学卒業後、ハーバード大学等を経て、ポンペウ・ファブラ大学(西)教授、ボッコーニ大学(伊)教授を歴任。福祉国家研究と共にジェンダー平等問題にも提言。

『福祉資本主義の三つの世界
——比較福祉国家の理論と動態』
(岡沢憲芙・宮本太郎監訳、
ミネルヴァ書房、2001年)

「レジーム」としての福祉国家研究の決定版

◇内容

　エスピン-アンデルセンの代表作。スウェーデン、ドイツ、アメリカをモデルとして、「福祉資本主義」を三つのレジームに分類した。「福祉国家論」ではなく「福祉国家レジーム」としたのは、福祉国家の概念が狭すぎることと、国家と社会経済システムが緊密に結びついたレジーム(政治体制)に着目しているからである。

　本書は国家(制度)の役割に再着目した点で、いわゆる新制度論的アプローチを重視した「歴史研究」の系譜に属する。また、分析対象は限定的であるものの、同時に18カ国のデータセットを使った多変量解析(計量分析)も行われており、科学化・一般化志向も強い。本書は、二つの異なる相互補完的なアプローチを統合化しようとした福祉国家研究の決定版であり、著者の代表作である。計量分析では、日本も対象とされ、日本語版には、日本型福祉国家に関する考察を認めた、著者自身による序文が寄せられている。

　著者は議会主義を前提とした「福祉資本主義」の枠組みの中で、交差国家・国家横断的な比較研究を試みようとした。もともと、著者が代表者の一人として行なったスウェーデン社会調査研究所のプロジェクト(比較福祉国家研究)が出発点にある。

　本書では、最終的に福祉資本主義の三つのモデルが提示される。それらの思想的なベースは、自由主義(アメリカ)、保守主義(ドイツ)、社会民主主義(スウェーデン)である。

◇注目点❶ 三つの福祉国家レジーム ── 自由主義・保守主義・社会民主主義

　それぞれの福祉国家レジームは、先に理念型が存在した訳ではなく、時間をかけて形成された歴史的存在である。レジームは単一というよりはグラデーションがあり、「クラスター」として意味のある「まとまり」として捉えられる。

　第一の類型、自由主義的福祉国家とは、福祉は普遍主義的だが最低限のものであり、福祉が労働を阻害しないように設計されている。受給資格の付与は厳格なルールにより行われる。国家の福祉領域に対する役割が限定されれば、市場の活動領域が自然に

拡大される。この福祉国家のタイプに連なるのは、アメリカ、カナダ、オーストラリアである。イギリスもまた、このタイプに徐々に接近している。

　第二の類型、保守主義(・コーポラティズム)的福祉国家とは、国家主義的な歴史的遺制が予め存在し、その後、脱産業主義的な社会構造に適応した結果として、社会権が保障されつつも、職業的地位の格差が温存された。ここに含まれるのは、オーストリア、フランス、ドイツ、イタリアなどである。しばしば、教会の影響が強く、伝統的な家族主義が重要視されている。家族の手に余るものは「補完性の原理」により国家による扶助が期待されることになる。

　第三の類型、社会民主主義的福祉国家とは、普遍主義の原理と社会権の脱商品化が新中間層にまで達しているとされるが、数的には少数である。スカンジナビア諸国がそれに当てはまる。この類型が社会民主主義と呼ばれるのは、改革を推進する主体に由来する。すべての主体が単一の普遍主義的な保険制度に包摂されている。市場主義の影響力が遠ざけられ、福祉国家を形成する諸勢力が連帯している。

◇ 注目点❷　ポスト産業化社会における福祉国家レジーム

　本書の中心的仮説は、国家が産業発展に対する受動的存在ではなく、積極的に雇用構造に変化をもたらし、ひいては社会的紛争までも創出するということである。福祉国家論が福祉国家を自明なものとし、政策内容を問わなかったのに対し、本書は福祉国家を「独立変数」と捉え、脱商品化、階層化、年金、権力構造、労働市場、雇用政策から個別の分析を進め、福祉国家の内実を問い直した。中でも、第二部では、とくに雇用構造に注目が向けられたのである。

　本書の結論部分では、ポスト産業化社会の「未来予測」を試みているものではないと弁明されてはいるが、少なくとも、三つのレジームの本質と将来的な変化の可能性を示唆したことには疑いがない。

◇ テキスト

　『福祉資本主義の三つの世界——比較福祉国家の理論と動態』(岡沢憲芙・宮本太郎監訳、ミネルヴァ書房〔MINERVA福祉ライブラリー47〕、2001年)。本書の「訳者解説」(宮本太郎、pp.257-268)は、エスピン - アンデルセンのキャリア、方法論、本書に対する批判と応答のよい解説となっている。

　なお、本書に対する最も厳しい批判は、ジェンダーの視点が全く抜け落ちているというフェミニストからのものであった。その批判に対しては『平等と効率の福祉革命——新しい女性の役割』(大沢真理監訳、岩波書店、2011年〔岩波現代文庫版、2022年〕／原著：*The incomplete revolution: adapting to women's new roles*, 2009.)を執筆し、福祉国家レジームの考察を進化させている。

(増田　正)

哲学する民主主義

パットナム Robert David Putnam, 1941-
Making Democracy Work: Civic Traditions in Modern Italy：1993

米国の政治学者。スワースモア大学卒業、オックスフォード大学に留学。イェール大学で博士。ハーバード大学教授。本書のほか、米国における「ソーシャル・キャピタル」の危機を論じた『孤独なボウリング（Bowling Alone）』も著名。

『哲学する民主主義
——伝統と改革の市民的構造』
（河田潤一訳、NTT出版、2001年）

「ソーシャル・キャピタル」の影響を一国内に限定し比較した成果

◇内容

本書は、「民主的諸制度のパフォーマンスに関する人々の理解に資することを目的」として書かれている。特に、「強力で、応答的で、実効ある代議制度を創出する条件とはいかなるものなのか」（圏点は邦訳書のまま）を、問題の中心に据えている。

パットナムは、この問題に取り組むために、イタリアにおいて1970年代から進められた地方制度改革に着目し、実証分析を行っている。実証分析では、地方制度改革により誕生したイタリア20州を対象に比較分析が行われ、地方政府のパフォーマンスを規定する要因が解明されている。

◇注目点❶ イタリアの南北でみられる「制度パフォーマンス」の差異

実証分析により得られた知見の中で、特に重要だと考えられるのは"社会資本"（"social capital"の本邦訳書の訳語。「社会関係資本」「人間関係資本」とも訳される）である。社会資本とは、「調整された諸活動を活発にすることによって社会の効率性を改善できる、信頼、規範、ネットワークといった社会組織の特徴」（邦訳〔以下同〕pp.206-207）であり、それが政府のパフォーマンスに影響を与えていることが示されている。

まずパットナムは、州の「制度パフォーマンス」（改革立法、保育所の設置、住宅・都市開発、内閣の安定性、官僚の応答性等で構成される指数）を測定した上で、その高低を州間で比較する（第三章）。その結果として、イタリア南部の州では制度パフォーマンスが低い傾向にあること、その一方で北部の州では制度パフォーマンスが高い傾向にあることを論じている。

次に、南北間における制度パフォーマンスの差異を説明するために「市民共同体」に着目する（第四章）。市民共同体は、「市民の積極参加」「政治的平等」「連帯・信頼・寛容」「自発的結社」により特徴付けられるとされる。パットナムは、「選挙での優先投票の利用率」「国民投票への参加度」「新聞購読率」「スポーツ・文化団体の結社」に関するデータを用いて「市民共同体指数」を作成し、制度パフォーマンスとの関連を検討している。

その結果として、市民共同体指数は、制度パフォーマンスが高いイタリア北部の州において高い傾向にあること、その一方で制度パフォーマンスが低い南部の州では低い傾向にあることを示し、市民共同体指数と制度パフォーマンスの間に、強い正の相関関係が認められると論じている (p.118)

◇注目点❷ 封建的・垂直的な人間関係と自発的・水平的な人間関係

なぜ、イタリア南部と北部の州で、対照的な結果が得られたのだろうか。パットナムは、中世（当時のイタリアに統一国家はない）にまで、歴史を遡る（第五章）。まずイタリア南部の州では、12世紀に「北ヨーロッパ出身のノルマン人傭兵が創始しシチリアに中心を置く」(p.146)「王国」の下、長く封建的な専制支配が続いたことで、垂直的な人間関係がもたらされ、市民の間で信頼・協力関係を築くことが困難な状況にあったと論じる。

一方、イタリア北部の州では、自発的に「近隣諸集団が相互扶助をし合い、共同防衛と経済的協力を用意すべく私的な宣誓」(p.150) がなされ、それがやがて、互酬性の規範と、市民の積極的な参加のネットワークが結社として現れ、水平的な人間関係が発達したとされる（今に続く「コムーネ」と呼ばれるイタリア独自の基礎自治体の起源でもある）。

パットナムは、このような人間関係の下で、市民は相互に信頼を深め、協力関係を築き、経済や政府のパフォーマンスを支えてきたと論じている。

◇注目点❸ 制度の発展を一国内で比較分析することの重要性を示す

パットナムは、こうした研究成果について本書「はじめに」でふり返り、「イタリアにおける州政府の設立という新たな実験は、制度発展の動態と生態の比較研究にとっておあつらえの素材となった」と述べている。一般的に、制度パフォーマンスに影響を与えうる要因を探る際、国家間で比較を行う方法が考えられよう。しかし、比較の対象があまりに異なると、どのような要因が制度のパフォーマンスに影響を与えているのか、特定が難しくなる。そのような課題をパットナムは、イタリア一国に限定した州間比較分析を行うことで克服し、制度パフォーマンスに影響を与えうるさまざまな要因を統制しながら、"社会資本"の影響を論じている。

締めくくりの部分では、次のようにも説いている。「社会資本の構築は容易ではないが、社会資本は、民主主義がうまくいくための鍵となる重要な要素である」(p.231)。

◇テキスト

邦訳は、河田潤一訳『哲学する民主主義──伝統と改革の市民的構造』(NTT出版、2001年)がある。なお、日本における地方政府とソーシャル・キャピタルの関係については、坂本治也『ソーシャル・キャピタルと活動する市民──新時代日本の市民政治』（有斐閣、2010年）を参照されたい。

（重村壮平）

比較政治学

サルトーリ　Giovanni Sartori, 1924-2017

Comparative Constitutional Engineering: An Inquiry into Structures, Incentives and Outcomes；1994

 イタリアの政治学者。フィレンツェ大学卒業後、同大学教授。米国スタンフォード大学教授を経て、同コロンビア大学教授（1979～94年）。比較政治学、特に政党論、政党システム論で著名。

『比較政治学――構造・動機・結果』
（岡沢憲芙監訳・工藤裕子訳、
早稲田大学出版部、2000年）

選挙制度の分析から政治システムの改革を提言

◇内容

　邦訳のタイトルは漠然としているが、本書は大きく二つのテーマからなる。一つは、国際比較を通じ、選挙制度を詳細に論じることであり、もう一つは、議院内閣制と大統領制を詳細に比較し、そこに議会と選挙制度をからめて検討していることである。

　比較政治システム論ともいうべき内容であり、原書名は「比較政治制度設計論（エンジニアリング）」に近い。エンジニアリングということで、単なる分析に終わらせず、政策科学的に政治システムの改革を提言すべく、その視座の確立を目指している。

◇注目点❶ 選挙制度の作用と社会構造

　選挙制度については、「デュヴェルジェの法則」（→71ページ）という、かなり単純な定式化（例えば小選挙区制の場合、有力政党の数や各選挙区での有力候補者の数が2に近づいていき、二大政党制が促されるというような）が有名だが、それが妥当しない国も少なくない。その点は、各国の社会構造を重視する、ロッカン（→90ページ）ら政治社会学者が説く通りである。どちらが正しいかという議論も多いが、サルトーリはそれとは別に、両者の主張を止揚・総合する視点を提示している。

　この書物の刊行以後、各国の政治社会も大きく変化しているので、単純明快な説明は難しいが、ここでは複雑な点を捨象して述べてみる。

　まず、比例代表制なのに小党分立とならず、長らく二党制に近かったオーストリアは、社会構造が単純に二分化されている。その結果として、比例代表制の作用が弱まり、二党制が続いた。

　逆に、小選挙区制（多数代表制）は二党制を促すとされるが、かつてのイギリスのように、社会構造が中間層と労働者に二分され、保守党、労働党が社会に強く根を張っている場合はそうなるが、社会構造が異なると、そうなるとは限らない。今日のイギリスでは、地域対立など社会対立が複雑化して、全国的に単純な二党制から離れている。選挙制度の作用はストレートではないのである。

これら要因を取り入れ、選挙制度と社会構造（政党制の構造化）という二つの要因の組み合わせで、個々に検討すべきだとしているのである（図表参照）。

[出典] 加藤秀治郎『日本の統治システムと選挙制度の改革』（一藝社、2013年）

≪選挙制度と政党制の構造化≫

政党制	選挙制度(有権者を拘束する度合い)	
	強い （多数代表制、 純粋でない比例代表制）	弱い （純粋な比例代表制）
強い （構造的な） 政党制	［Ⅰ］政党数を減らす選挙制度の作用が働く	［Ⅱ］政党数の増殖を相殺し、妨害する政党制の作用が働く
弱い （非構造的な） 政党制	［Ⅲ］選挙区レベルで有権者を拘束し、政党数を減らす作用が働く	［Ⅳ］影響なし

◇注目点❷ 議院内閣制の下の両院制

　この書物の論点は多岐にわたっているが、わが国の文脈で特に注目されてよいのは、両院制の位置付けとその選挙制度である。サルトーリは議院内閣制と大統領制の相違を極めて重視しているが、議院内閣制では「多数派の創出」という観点が重要だ。そこで両院制（二院制）をとる場合は、両院の権限関係が決定的に重要である。わが国で言うと「衆議院の優越」は、漠然と語られるほどには強くなく、両院の権限関係は対等に近い。「衆参ねじれ」で政局の運営に苦労したのはそのためだ。

　つまり、一方の優越が明確で、「両院の権限が不均衡であれば、両院の勢力の構成は類似していなくとも構わないが、逆に両院の権限が均等であれば、それだけ両院の構成では、類似性を求め、確保していかなければならない」（当該箇所は邦訳p.205。ただし訳文は加藤による）。

　とすると、参議院の選挙制度は衆議院のそれと似たものにして、両院の構成も近いものにせざるをえない、ということである。「せっかく両院制なのだから、別々の選挙制度に」という、わが国で多く聞かれる感情的な議論とは別の論点が、明確に打ち出されている。

◇テキスト

　かなり難しい論点も含む上級者向けテキストであり、簡単には理解できないかもしれない。英文を参照しながら邦訳を読むような姿勢がベストであり、いずれにせよ丁寧に読みたい。掲示した『比較政治学——構造・動機・結果』（岡沢憲芙監訳・工藤裕子訳、早稲田大学出版部、2000年）は、現在品切れ中のようだが、改訳の上での出版を望みたい。

　ただ選挙制度の部分は、ほぼ同一内容の論文の邦訳がある。岩渕美克ほか編『政治社会学〔第5版〕』（一藝社、2013年）にあるリーディングス「選挙制度の作用——「デュヴェルジェの法則」再検討」がそれである。

（加藤秀治郎）

社会科学のリサーチ・デザイン

キング　Gary King, 1958-
コヘイン　Robert Owen Keohane, 1941-
ヴァーバ　Sidney Verba, 1932-2019

Designing Social Inquiry: Scientific Inference in Qualitative Research ; 1994

著者
[G.K.] 米国の政治学者、ハーバード大学教授、同大定量社会科学研究所長。
[R.O.K] (→110ページ)
[S.V.] 米国の政治学者、ハーバード大学教授。2002年、ヨハン・スクデ政治学賞受賞。

『社会科学のリサーチ・デザイン
——定性的研究における科学的推論』
(真渕勝監訳、勁草書房、2004年)

「定量的」研究と「定性的」研究、その広い意味での統合を志向

◇内容

そもそも政治学をはじめとする、社会科学の実証研究に求められる「方法」とは何か。

本書は、現代の政治学において、「政治学方法論」がアメリカほか各国で重要領域として定着化していくきっかけ・基盤となったとみることができる方法論に関する、現代の名著である。

政治研究の方法論をどのように理解するべきなのかについて、"リサーチ・デザイン"の位置付けと科学的推論の方法について正面から論じ、政治学のみならず社会科学において、21世紀の経験的理論実証分析の重要な基盤となる業績といえる。

◇注目点❶ 方法論とフィールドの専門家が生んだ重要な提起──"KKV"の誕生と意義

「はしがき」でも言及されているように、本書は当初、ハーバード大学大学院政治学部での三著者の共同演習から生まれた。主筆のキングはハーバード大学教授、計量政治学と政治学方法論を専門とし、この分野における現代の第一人者と多くの論者が認める。コヘインは国際政治学分野で、ヴァーバは政治参加や政治文化の調査分析で、本書発行以前よりアカデミック研究者なら知らぬ者がいない著名研究者である。

方法論や分析技術を専門とするキングの議論に、政治学の現実フィールドで実績を重ねてきた(分野の異なる)二人の知見が加わり、本書を強く説得的なものとしている。

本書が知られるようになった後、アカデミックな領域、特に政治学では、著者たちの頭文字(King, Keohane, Verba)をとった「KKV以来……」などというかたちで言及され、その立場に賛同するにしろ反対するにしろ、研究者にとって決して無視はできない重要な学問的・方法論的提起となっている。

◇注目点❷ 社会科学研究に求められる「記述的推論」と「因果的推論」とは

本書は、社会科学における科学的研究の定義(特徴)を示す。それは、①目的は推論である、②手続きが公開されている、③結論は不確実である、④科学とは方法である、とする。

そして、①の推論には、記述的推論と因果的推論があり、両者共に重要だが、性質が異なるとする。まず、記述的推論は、因果関係を主張せずにデータのパターンを説明し、要約することを目的とする。一方、因果的推論は、社会科学研究のより中心的テーマであり、現象の原因と結果の因果メカニズムを説明することを目指す。

本書ではまた、研究におけるリサーチ・デザインの重要性が強調される。そこには、(1) 研究の問い、(2) 理論、(3) データ、(4) データの使用、が含まれる。データには、大規模世論調査や政治経済集計データなどの〝定量的（数値）データ〟と、インタビューや資料分析などの〝定性的（非数値）データ〟がある。

そして本書は、定量的研究では推論に必要な方法的制約が意識的に共有されてきたことを示す。記述的推論における度数分布、クロス集計などの方法、因果的推論における、回帰分析、因子分析、クラスター分析など、数量データ分析で用いられてきた方法の意味が示される。

◇注目点❸ 異なるアプローチとされてきた「数値」と「非数値」のデータを結びつける

従来、〝定量的研究〟と〝定性的研究〟とは、いわば目的の異なるアプローチとされてきた。つまり、定性的研究は「個性記述」を目的とし（定性的、人文学的、論証的な学派）、定量的研究は「一般化した記述・因果分析」を求める（定量的、体系的、一般化志向の学派）、ともみられてきた。

しかし、本書は、〝定量的研究〟において主として統計学の応用利用により展開されてきた方法的自覚に基づく慎重な研究デザインと手法に注目する。そのうえでこれらを採用すれば、〝定性的研究〟においても「一般化した記述・因果推論」が可能で、実り豊かな科学的・学問的成果が期待できるとし、その際のいわば方法的ガイドラインを示す。

具体的には、定性的研究における推論プロセス、信頼性確保、妥当性評価、結果の一般化、さらにラージＮ研究（観察数を増加させること）の重要性、一般化とその制約などについてまとめる。理論的サンプリング、理論的飽和、分析的帰納などの戦略が紹介される。

重要な点は、本書があえて定性的研究に向けた構成となっている点であり、定量的・定性的研究の研究目的おび方法論上の、広い意味での統合を志向する。政治学者による、社会科学方法論革新への探求ということができる。

◇テキスト

邦訳書は、真渕勝監訳『社会科学のリサーチ・デザイン―― 定性的研究における科学的推論』（勁草書房、2004 年）。

（富崎 隆）

ナショナリティについて

ミラー David Leslie Miller, 1946-
On Nationality : 1995

英国の政治学者、政治理論家。ケンブリッジ大学卒業後、オックスフォード大学で博士号（哲学）取得。ランカスター大学、イースト・アングリア大学を経て、オックスフォード大学教授。

『ナショナリティについて』
（富沢克ほか訳、風行社、2007年）

「リベラリズムとナショナリズムとは矛盾しない」

◇内容

現代政治理論を代表する論者の一人によって著された本書では、「ナショナリティ」という観念が探求されている。この分野で避けられる傾向にあったナショナリティの問題に取り組み、リベラリズムとナショナリズムとは矛盾しないとする「リベラル・ナショナリズム」の思想が発展する契機となったことで知られる。

◇注目点❶ 自己アイデンティティの一部としてのナショナル・アイデンティティ

本書では、ナショナリティは三つの命題を含むものだと説明されている。本書の最大の目的は、その命題がいかにして擁護され得るのかを検討することにある。

一つめの命題は、ネーションへの所属は人々のアイデンティティの一部となるというものである。人は歴史的に積み重ねられてきたネーションの言語や慣習を共有することで、ネーションへの所属によって生じるアイデンティティの感覚、いわゆる「ナショナル・アイデンティティ」（"national identity" は「国民的同一性」や「国民意識」などと訳され得るが、意味内容が限定されてしまうのを防ぐため、ここではそのまま「ナショナル・アイデンティティ」としている）を保持し、それを自分のアイデンティティの構成要素とするようになるのである。個人のアイデンティティは、白紙の状態から自由に選択されるようなものではなく、所属する共同体や制度におけるさまざまな価値について考えることから出発するものであり、そこにネーションが含まれても問題はないという。

ただし、ナショナル・アイデンティティは可変的でなければならず、またそれは、他のレベルの集団的アイデンティティを排除するものであってはならない、ともされている。すなわち、批判をする者や変化を提案する者を拒むようなものであってはならず、エスニック・アイデンティティ（民族集団への所属によって生じるアイデンティティの感覚）などの多様なアイデンティティと両立可能なものでなければならないのである。

◇注目点❷ ネーションの同胞への特別な義務

二つめは、ネーションは、権利や義務、責任について考える際に考慮に入れるべき

という意味で「倫理的共同体」だという命題である。

　私たちは、同胞に対して、人類全体に対して負うべき義務以上の「特別な義務」を負うのである。その理由としては、ネーションのような共同体ではそうした義務を果たすための動機が生じやすいことや、そもそも、その特別な義務の内容は各ネーションが長きにわたって政治的論議を重ねることで作りあげてきている文化によって決定されることがあげられている。本書では、このように公的生活にかかわる文化のことを「公共文化」と呼んでいる。

◇注目点❸ ネーションの核としての政治的自己決定

　第三の命題は、各ネーションの構成員は「政治的自己決定」を要求するというものである。具体的には、ネーションの政策などを決めるための政治制度の設立を要求するという。本書では、自己決定の要求こそがネーションの核だと見なされている。

　こうした要求が擁護されるべき論拠としては、自己決定が達成されている場合、社会正義や（熟議的）民主主義が実現されやすいというものがあげられている。とりわけ一つの国家が一つのネーションから成るとき、共通のナショナリティが人々の間に「相互信頼」を生じさせるため、そうした政治は実現されやすくなるのである。

　各ネーションの自己決定を尊重するということは、各ネーションの政策の独自性を尊重するということである。それは、たとえば福祉政策にも当てはまるゆえ、本書では、世界規模の分配をロールズ（→98ページ）の格差原理のような単一の分配原理にしたがっておこなうべきとするコスモポリタン的主張がしりぞけられている。

◇テキスト

　本書の邦訳書としては、富沢克・長谷川一年・施光恒・竹島博之訳（風行社、2007年）が刊行されている。原書にはない各節ごとの見出しが付け加えられるなど、読みやすくするための工夫が施された優れた邦訳となっている。なお本書では、ネーションの同胞に対して特別な義務が存在すべきであり、また、自己決定の尊重のため、単一の分配原理を国際社会に拡大すべきでないと主張されていると紹介したが、これらの主張は決して普遍的人権をしりぞけるものではない。いかなる状況下で、人類に対する義務としての人権の保障の必要が生じるかに関しても、検討がなされているのである。

　著者は本書の刊行後、こうした国際的な正義の問題について、さらに積極的に議論を展開するようになっており、その成果の一部は邦訳もされている。興味のある人は、『国際正義とは何か──グローバル化とネーションとしての責任』（富沢克・伊藤恭彦・長谷川一年・施光恒・竹島博之訳、風行社、2011年／原著：*National Responsibility and Global Justice*, 2007.）も読み進めてほしい。

（藤原拓広）

多文化時代の市民権

キムリッカ Will Kymlicka, 1962-

Multicultural Citizenship: A Liberal Theory of Minority Rights：1995

 カナダの政治哲学者。クイーンズ大学で学び、哲学・政治学学士。オックスフォード大学で哲学博士号を取得。トロント大学などを経てクイーンズ大学哲学部教授。中央ヨーロッパ大学客員教授(ナショナリズム研究プログラム)。

『多文化時代の市民権
──マイノリティの権利と自由主義』
(角田猛之・石山文彦・山崎康仕
監訳、晃洋書房、1998年)

エスニック集団と民族的マイノリティの権利要求は正義

◇内容

近年の主要な政治課題として、移民や難民の受け入れを巡る社会統合の問題や、国内の少数民族の自治や分離独立を巡る民族問題などが挙げられるが、これらの問題は単一民族を前提とした、いわゆる国民国家としての国家観では対処することが難しいように思われる。このような時代において、多様な「エスニック集団(ethnic group)」の文化を対等なものとして承認する多文化主義や、国家内での少数民族の政治的自己決定権を承認する多民族国家という構想が注目されている。

こうした文脈において、本書は多文化主義や多民族国家におけるエスニック集団および民族的マイノリティの権利を、正義に適った正当な要求として政治理論の中に位置づけている。この点に本書の最大の意義がある。

◇注目点❶ 多文化主義の政治理論の確立

本書の背景には、冷戦の終焉とともに、世界各地で噴出してきた民族問題があり、著者の母国カナダでも、フランス系住民が多く居住するケベック州の分離独立問題が生じていた。従って、本書は、これらの問題を見据えて現代の諸々の自由主義理論を批判していく。例えば、普遍的な個人権の付与を基本原理とする自由主義の理論枠組みでは、民族的マイノリティが共通の言語を基盤として政治的共同体を形成する権利が承認されない、との批判である。本書はこうした批判を通じて、新たな多文化主義の政治理論を展開している。

◇注目点❷ 民族的マイノリティとエスニック集団の類型化と集団別権利

本書は国家内のマイノリティ集団を、先住民やケベック州のフランス系住民に代表される民族的マイノリティと、移民に代表されるエスニック集団に峻別する。

民族的マイノリティは、征服や植民地化を経て強制的に主流社会に統合される過程で生じた集団であり、主流社会とは別個の政治共同体を構築することを望む。それに対して、移民に代表されるエスニック集団は、基本的に自発的に自国を離れて移住し

ている。その集団は、政治共同体を別個に形成することではなく、むしろ主流社会への統合を望んでいる。それゆえ、これらの集団の要求する権利（集団別権利）も次のように異なる。

　民族的マイノリティは、主として、何らかの形態の連邦制を通じてなされる、権限の委譲（自治権）を求める。他方で、エスニック集団は、主として、特定のエスニック集団や宗教集団と結びついた、一定の活動への財政援助および法的保護（エスニック文化権）を求める。また、同時にエスニック集団も民族的マイノリティもともに、政治における積極的差別是正処置として、国家の中央機関における議席の保証（特別代表権）を要求する。

◇注目点❸ マイノリティの権利と自由主義の理論は対立しない

　以上のようなマイノリティの権利と自由主義の理論は対立しないとされる。本書によれば、自由主義の核心とは、個人の自由な選択である。しかし、個人に有意味な選択肢を提供するのは、各人が帰属する民族の文化、すなわち、「社会構成的文化（societal culture）」である。

　「私は『文化』という語を、『民族』という語と同じ意味で、すなわち、制度化がほぼ十分にいきわたり、一定の領域や伝統的居住地に居住し、独自の言語と歴史を共有する、多世代にまたがる共同体を指すものとして用いている」。

　しかし、マイノリティの権利には限界も存在する。主流社会の経済的・政治的決定の影響から集団を保護する自治権のような対外的防御は、集団間の不公平を是正するものであり、自由主義の理論には反しないとされる。しかし、それらの集団がその成員の権利を侵害する対内的制約（背教や改宗の禁止など）は、その集団を離脱する自由を含めた個人の自律を制限するので、自由主義の理論に反するとされる。

◇注目点❹ マイノリティの権利と社会統合の可能性

　以上のようなマイノリティの権利の付与に対して、主流社会は往々にして消極的である。その理由の一つは、これらの権利が社会統合を脅かすのではという懸念である。しかし、集団別権利の中で、特別代表権とエスニック文化権は、より大きな政治共同体へのマイノリティ集団の参入を促進するものであり、社会統合の妨げにはならない。

　しかし、民族的マイノリティが要求する自治権は、その集団が政治的決定権をもつ独自の民族として承認されるものであるため、社会の統合に対する深刻な脅威になりうる。これについては、社会統合の可能性について諸々の検討がなされているが、いまだ明確な解答は提示されていないように思われる。

◇テキスト

　ウィル・キムリッカ『多文化時代の市民権──マイノリティの権利と自由主義』（角田猛之・石山文彦・山﨑康仕監訳、晃洋書房、1998年）。

（荒木隆人）

文明の衝突

ハンチントン Samuel Phillips Huntington, 1927-2008
The Clash of Civilizations and the Remaking of World Order : 1996

 米国の政治学者。イェール大学卒業。陸軍勤務を経てシカゴ大学で修士号、ハーバード大学で博士号を取得。ハーバード大学教授。

『文明の衝突』
（全2冊、鈴木主税訳、集英社、2017年）

緊張関係が深まる30年後の現在にも大きな示唆

◇内容

　本書は、東西冷戦（「西」側＝アメリカ、「東」側＝ソ連、それぞれが中心になって第二次大戦後の世界で長く続いた対立状況）の終結（1990年の東西ドイツ統一、1991年のソ連解体）にあたり、冷戦後の世界政治を俯瞰するための枠組みを提示したものである。

　冷戦後は、イデオロギー（→48ページ、マンハイム『イデオロギーとユートピア』参照）の対立ではなく"文明の衝突"こそが世界平和にとっての最大の脅威になると説く。特に、非西欧文明であるイスラム文明と中華文明が西欧文明と敵対する可能性に着目し、文明間の本格的な衝突を避けるにはどうすればよいか、考察がめぐらされる。

　本書の出版（1996年）からすでに三十年近くが経過しているが、アメリカを中心とする西欧諸国が、イスラム圏の諸国、そして中国との緊張関係を深めているかにみえる現在においても、本書が示唆するところは少なくないだろう。

◇注目点❶ 8つの主要文明と西欧の"落日"への挑戦

　ハンチントンは世界の主要文明を、西欧文明、東方正教会文明、イスラム文明、ヒンドゥー文明、アフリカ文明、ラテンアメリカ文明、中華文明、日本文明の8つに分類する。そして西欧文明が、冷戦での勝利を経て、唯一の普遍的な文明になっていくという見方を否定し、経済成長が著しい東アジア圏の中華文明と、人口増が続くイスラム圏のイスラム文明が勢力を強めつつ手を組んで（儒教・イスラム同盟）、"落日"の西欧文明に挑んでくるとみる。

　こうした「西欧」対「非西欧」の文明間の対立構図が強まるなかで、西欧文明はどう対応すべきか。ハンチントンによれば、西欧は他の文明に対して、①核不拡散などを通じて軍事上の優位を保ち、②人権や民主主義など西欧流の政治的価値観や制度を他の社会に売り込み、③移民や難民を制限して西欧の文化的、社会的、民族的な優越性を守るべきであるとする。

ハンチントン『文明の衝突』　　143

◇ 注目点 ❷ 文明間の戦争を避けるためには

　それでも、主要文明の中核国家をまきこんだ世界的な規模での戦争が起こる可能性もありえなくないとして、世界大戦が勃発する近未来図を提示する。

　時は「2010年」である。この世界大戦は米中の対立が基底にあり、アメリカ・西欧の陣営にはロシアとインドが加わり、中国陣営にはイスラムの大部分と日本（！）が加わる。この戦争が本格的な核戦争にまでいたるかどうかはわからないとするが、いずれにせよ参戦国は疲弊し、衰退する。そして戦後は、参戦しなかった「南」に世界の勢力の中心がシフトするという見立てである。

　「2010年」から、すでに十数年を経た現在を知るわれわれにしてみると、いかにも「たわいのない空想話」にもみえるが、着目すべきは、戦争の原因と戦争を回避するための条件である。この戦争は、ベトナムをめぐる米中の対立がきっかけとなるのだが、世界大戦にまで発展してしまうのは、文明Aの中核国家（中国）と同じ文明Aに属する国家（ベトナム）との紛争に、他の文明Bの中核国家（アメリカ）が本格的に介入してしまったところに原因がある。

　こうしてハンチントンは、文明間の大規模な戦争を避けるためには、

　　(1) 文明の中核国家が他の文明内の衝突に干渉するのを慎むこと（不干渉ルール）

　　(2) 中核国家が互いに交渉して、自らの文明に属する国家や集団が異文明間の

　　　戦争を起こさないよう阻止すること（共同調停ルール）

　　(3) 普遍主義を放棄して文明の多様性を受け入れつつ、あらゆる文明に見出さ

　　　れる人間の普遍的な性質、すなわち共通性を追求すること（共通性のルール）

以上の三つが必要であると指摘する。いずれも今日においてますます重みを増している指摘と言えるのではなかろうか。

◇ テキスト

　ハンチントンは、冷戦終結から間もない1993年に、著名な外交・国際政治の専門誌『フォーリン・アフェアーズ』に論文「文明の衝突？（*The Clash of Civilizations ?*）」を発表して世界的な反響と論争を巻き起こした。本書はこの論文が提起した疑問について、「より完全に、より奥深く、より徹底的かつより詳細な答えを提示するために」出版されたものである。

　原書は1996年の出版で、2年後には邦訳が出版されており（鈴木主税訳、集英社、1998年）、現在まで版を重ねている。2017年には同じ出版社から文庫版（全2冊）が出版されているので、より入手しやすくなっている。

（石上泰州）

民主主義対民主主義

レイプハルト　Arend Lijphart, 1936-

Patterns of Democracy: Government Forms and Performance in Thirty-six Countries;1999（2012, 2nd ed.）

 オランダ出身の米国の政治学者。イェール大学で博士号取得。カリフォルニア大学バークレー校、ライデン大学などを経て、カリフォルニア大学サンディエゴ校教授、同大学名誉教授。1997年、ヨハン・スクデ政治学賞受賞。

『民主主義対民主主義
——多数決型とコンセンサス型の
36カ国比較研究［原著第2版］』
（粕谷祐子ほか訳、勁草書房、
2005年、第2版・2014年）

世界の民主主義各国を類型化して詳細に分析

◇内容

　現在、世界には200以上の国（や地域）が存在している。それらの政治体制の成立はそれぞれの固有の歴史があり、多様性に満ちている。レイプハルトは、それらすべての主権国家を比較分析しようとしているのではない。本書には、36カ国の自由民主主義体制がリスト化されている。著者によれば、本書は民主主義類型化研究の「最後の著作」（4冊目）であるとされ、「多数決型民主主義」と「合意型民主主義」の二類型を統計的に導出した。

◇注目点❶ 「多数決型民主主義」と「合意型民主主義」の特徴

　著者は「多数決型民主主義」と「ウェストミンスターモデル」を同義語としている。イギリスのウエストミンスター宮殿に議会が置かれていることから、ウェストミンスターモデルとも呼ばれるのだが、イギリス本国から派生した政治制度の類型が多数決型民主主義である。本国から派生した政治制度は、本国以外に（とくに1996年以前の）ニュージーランドやバルバドスが典型とされている。

　この類型を特徴づける10の変数は、イギリスの場合、①単独過半数内閣への執行権の集中、②内閣の優越、③二大政党制、④小選挙区制、⑤利益集団多元主義（プルーラリズム）、⑥単一国家と中央集権制、⑦一院制議会への立法権の集中、⑧軟性憲法、⑨違憲審査権の不在、⑩政府に支配される中央銀行、である。最初の1次元（5変数）が「政府・政党次元」、次の2次元（5変数）が「連邦制次元」と呼ばれる（右図参照）。

　対照される「合意型民主主義」は、スイスやベルギーが典型とされる。上記の10変数に対応させると、(1)幅広い連立内閣による執行権の共有、(2)執行府と議会の均衡、(3)多党制、(4)比例代表制、(5)コーポラティズム（団体協調主義）、(6)連邦制と地方分権、(7)強い二院制、(8)硬性憲法、(9)違憲審査権、(10)独立した中央銀行、である。

◇注目点❷ なぜ36カ国なのか

　本書の分析対象は、第二次世界大戦後から1996年6月までの半世紀である。この間、少なくとも、最後まで連続して19年間以上、民主主義体制を継続していた国がリス

トアップされた。20年間ではなく、19年間とされたのは、それがやや恣意的であるとしても、インド、パプアニューギニア、スペインを含めるためである。本書における民主主義体制の基準は、フリーダムハウス（1941年設立。アメリカに本部を置き、超党派で民主主義を監視する国際的な非営利活動団体）の体制評価によっているが、インド、コロンビア、パプアニューギニア、ベネズエラは境界線上であったが、最終的に分析対象とされている。

◇注目点❸ 民主主義の概念図

本書では、分析の結果、民主主義の二次元概念図が掲載された（右図参照）。右上（第1象限）が「多数決型」、左下（第3象限）が「合意型」の特徴を示す各国がプロットされた。ちなみに、日本はといえば、その特徴が乏しく、どちらの類型にもうまく当てはまらないようである。日本は、政府・政党次元では、二院制や多党制などの特徴のせいか、合意型の象限に含まれている。合意型民主主義の典型とされたベルギーですら、連邦制への制度変更が遅れたため、連邦制次元では特徴が出ていない。

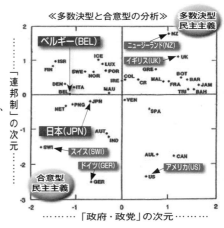

※ 1999年初版時の分析を基に、主要国のプロットを指示した。

◇注目点❹ 類型論の中心概念と展開

著者は、本書の前著となる民主主義の類型論の3冊目、"Democracies"（未翻訳、1984）では、21カ国・22体制を取り扱った。その分析対象は、第二次世界大戦後に成立し、継続している「民主主義体制」に限定された。ただし、アルジェリア紛争（1954～62年、19世紀以来のフランスの植民地アルジェリアで起きた独立戦争）を契機として政治体制が変更されたフランスだけは、例外的に二つの体制が収録されている。

本書で36カ国へと分析対象を増やしたのは、民主主義論のさらなる一般化を試みたからであろう。その意味では、比較政治学の理論的進歩であるのかもしれない。著者は本書の結論として、合意型民主主義の全体的優位性を示唆している。それでも、一般理論に向かうには、地理的・文化的な留保がなされている点に注意しなければならない。

著者の着想は、類型論の1冊目のオランダ政治、2冊目の多極共存型民主主義に原型がある。これを引き継いだ合意型民主主義が、より優れている体制なのかについては、今後も継続的な検証がなされるべきであろう。

◇テキスト

『民主主義対民主主義──多数決型とコンセンサス型の36カ国比較研究［原著第2版］』（粕谷祐子・菊池啓一訳、勁草書房、2014年〔初版は2005年〕）

（増田 正）

グローバル資本主義

ギルピン Robert Gilpin, 1930-2018
The Challenge of Global Capitalism: The World Economy in the 21st Century;2000

 米国の政治学者。バーモント大学卒業、カリフォルニア大学バークレー校で博士。プリンストン大学教授、同大学名誉教授。2003年、イラクに侵攻した米国ブッシュ政権に対し、"War is too Important to be left to ideological amateurs." と批判。

『グローバル資本主義
——危機か繁栄か』
(古城佳子訳、東洋経済
新報社、2001年)

来たるべき21世紀の世界経済の展開を批判的に考察

◇内容

本書は、冷戦終結後に喧伝された「グローバル資本主義の勝利」という主張に対し、1990年代の国際政治経済を多角的に分析することで、21世紀のグローバル経済の展開を批判的に考察している。執筆は20世紀末だが、アメリカ、ヨーロッパ、日本についての分析は、その後の激変を経てなお(中国への予測も含め)、示唆的である。

◇注目点❶ 大国間の安全保障・政治的関係から分析される経済の興亡

著者ロバート・ギルピンは、1980年代には「覇権安定論」の枠組みを用いて国際政治を分析しており、本書もその枠組みを踏襲した上で、1990年代の国際政治経済全般を取り扱っている。著者によれば、第二次世界大戦後の四半世紀は、人類史上最も繁栄していた時代であり、この成功の背景には、開放的で自由な国際経済体制を支えるアメリカのリーダーシップという政治的基盤の存在が重要であったという。

つまり、第二次世界大戦後の西側世界の経済的繁栄は自動的にもたらされたのではなく、アメリカが、統合された国際経済をリードし、同盟国もそれに従ったことで可能となったのである。しかしながら、冷戦の終結によってそうした政治的基盤が崩壊しつつあり、グローバル資本主義の支柱は徐々に揺らいでいる。

このように、グローバル資本主義の性格や機能を、純粋な"市場の諸力"の相互作用によって決定づけるのではなく、大国間の安全保障および政治的関係から決定づけようとしたことが、本書の最大の特徴といえる。

◇注目点❷ アメリカのリーダーシップの変化と相手国の変化

以上のように、著者はグローバル資本主義をリアリズム的視角からみたうえで、20世紀末の世界には、第二次世界大戦後の国際経済体制の特徴であった政治的基盤が存在しないと指摘する。つまり、「米国は,もはや,かつて備えていたような世界をリードする意思,あるいは能力を持ち合わせていないようにみえる。同様に重要なことは,米国の経済相手国も過去に比べ,米国にしたがおうとはしていないということである」。

ギルピン『グローバル資本主義』　　147

　そのため、貿易における保護主義の蔓延、国際通貨におけるノンシステム、繰り返し起こる金融危機、ヨーロッパ、北米、アジアにおける地域主義の進展といったグローバル資本主義に対する挑戦が多発するようになったという。

　また、「レーガン政権（1981−89年）以来，米国は非常に偏狭でナショナリスト的な対外経済政策をとってきた」ことがアメリカのリーダーシップ低下の原因であるという。その一方で、「米国経済が戦後他の国に比べて衰退したとはいえ，米国は依然として世界第一位の軍事的・経済的パワー」である。しかしながら、「新世紀のはじまりにおいて，米国のパワーを行使すべき目標について国民的な合意は存在しない」。つまり、アメリカはまだ、「ポスト冷戦世界の政治的現実に基づいた国家戦略を構築していない」。

　もし、アメリカがそのリーダーシップの役割を取り戻さなければ、グローバル資本主義への挑戦は増え続け、"現在の"グローバル資本主義は消え去ってしまう可能性が高い。これが、20世紀最後の年に著された本書で著者が示した懸念であった。

◇ 注目点❸ 国際経済の管理と政治的基盤の必要性

　著者は、「20世紀の終わりまでに，欧米の人々だけでなく東アジアの人々も，経済的苦況を，自らほとんど管理することができないグローバルな経済勢力のせいにしはじめた」などとも述べ、グローバル資本主義の諸問題を指摘し、21世紀の国際経済体制に対しても悲観的見方を採るが、それでも、戦後の国際経済体制は完全に崩壊したわけではなく、その管理を強化することで維持することも可能とみている。

　そのうえで「米国は，依然として，閉鎖的な地域的取決めの危険性を避けるためのリーダーシップを発揮することのできる唯一の国である」。そのため、「世界は米国のリーダーシップを必要としているが，米国は単独でリードすることできない。主要な経済大国間の協力が必須のものとなってきている。しかし，米国は，リーダーシップの役割を分け合うことを渋っており，依然として，他の国が米国の指導について来ると仮定している」。それゆえに、主要国間の国際協調のためには、アメリカが他の国に対して一定の譲歩をする必要性を強調しているのである。

◇ テキスト

　邦訳は『グローバル資本主義──危機か繁栄か』（古城佳子訳、東洋経済新報社、2001年）。本書は、1990年代の国際政治経済現象を広範にわかりやすく取り上げているものの、理論的枠組みは明確に示されていない。

　そのため、本書の理論的基盤となっている覇権安定論について論じた同じ著者の『覇権国の交代──戦争と変動の国際政治学』（納家政嗣監訳、徳川家広訳、勁草書房、2022年／原著：War and Change in World Politics, 1981.）を併せて読むことで、本書の理解はさらに深まるといえる。

（長久明日香）

ナショナリズムとは何か

スミス Anthony David Stephen Smith, 1939-2016

Nationalism: Theory, Ideology, History：2001（2010, 2nd ed.）

 英国の社会学者。オックスフォード大学を卒業（専攻は古典学と哲学）、ロンドン・スクール・オブ・エコノミクス（LSE）で博士号（社会学）。LSE教授、同名誉教授。民族性とナショナリズム研究協会（ASEN）初代会長。

『ナショナリズムとは何か』
庄司信訳、筑摩書房、2018年）

「グローバル化」の中で定義し、概念整理を学ぶための出発点

◇内容

本書は、ナショナリズムをめぐる現代の論争の中心的人物が書き下ろした少々高度な入門書である。代表的な学説の紹介や、検討を丁寧に行うと同時に、「エスノ象徴主義」（後述）と称される著者みずからの立場の妥当性の主張も展開される。ナショナリズムの理論や哲学の研究を始めたいと考える者にとって、最適な入門書だと言える。

◇注目点❶　「ネイション」「ナショナリズム」「国民国家」などの明晰な定義

ナショナリズムについて学ぼうとする者が常にとまどうのは、「ネイション」「ナショナリズム」や、「国民国家（"nation state"または"national state"）」、あるいは「ナショナル・アイデンティティ」など、基本となる言葉の定義が研究者によって大きく異なることである。

スミスは、多くの研究者の議論を整理しながら、自身が最も適切だと考える定義を明示している。例えば、「ネイション」は「わが郷土と認知されたところに住み、誰もが知っている神話と共有された歴史、独自の公共文化、すべての成員に妥当する慣習法と風習を持つ、特定の名前で呼ばれる人々の共同体」と規定する。

「ナショナリズム」は、「自分たちは現実の、あるいは潜在的な「ネイション」を構成していると思っている成員が存在する集団において、その自治と統一とアイデンティティを確立し維持することを目指すイデオロギー運動」といった具合である。

著者の定義に納得するにせよ、しないにせよ、ナショナリズムを学ぶ者にとって、本書の巧みな概念整理は適切な出発点となるはずだ。

◇注目点❷　「エスノ象徴主義」を掲げつつ、論争の代表的な立場や論点を明快に整理

ナショナリズム研究で最も大きな論点の一つは、ネイションの起源をどのように捉えるかである。ナショナリズムやネイションは比較的新しく、近代以降の産物だと主張する「近代主義」の立場と、それを批判する「永続主義」「エスノ象徴主義」などの立場があり、過去40年ほど活発な論争が交わされてきた。

スミス『ナショナリズムとは何か』

スミスは各々の立場を簡潔に紹介する。また、代表的論点を取り上げ、各立場がどのような説明を展開するか概観する。本書は、ナショナリズムをめぐる従来の代表的議論を押さえるのに好適である。

スミス自身は「エスノ象徴主義」の立場をとる。「エスノ象徴主義」は、ネイションやナショナリズムが今あるかたちになったのは近代以降かもしれないが、それらの基盤には、近代以前のエスニックな、つまり民族的な神話や宗教、象徴、言語などがあるゆえ、これら近代以前の物事に着目することも大いに重要だ、と捉える立場だといえる。

◇ 注目点❸ 「グローバル化の時代」におけるナショナリズムやネイションの行方の検討

「グローバル化」が喧伝される現代において、ナショナリズムやネイションが、近い将来どのようになるかについても、スミスは多様な立場に言及しつつ論じる。

例えば、「近代主義」の見方では、ナショナリズムやネイションといったものは、グローバル化の進展に伴い、衰退していくと捉える場合が多い。産業社会やマスコミュニケーションの近代以降の発展が、ナショナリズムやネイションの成立を促したと「近代主義」は捉えるが、現代では経済的・社会的条件が大きく変わったため、ナショナリズムやネイションは、もはや時代遅れだと見るからである。

スミスは「近代主義」に懐疑的であるゆえ、ナショナリズムやネイションは近い将来、衰退するという見方にも疑問符を付す。そして「エスノ象徴主義」の立場から批判的見解を投げかける。

本書は、ナショナリズムをめぐる既存の概念や理論を整理・概観するだけではなく、グローバル化という、極めて現代的な現象をどう見るかの重要な手がかりも与えてくれる。

◇ テキスト

本書の邦訳書としては、庄司信訳『ナショナリズムとは何か』(筑摩書房〔ちくま学芸文庫〕、2018年)が刊行されている。スミスの著作は、他にも数多く翻訳されている。高柳先男訳『ナショナリズムの生命力』(晶文社、1998年／原著は1991年)、巣山靖司・高城和義・河野弥生・岡野内正・南野泰義・岡田新訳『ネイションとエスニシティ──歴史社会学的考察』(名古屋大学出版会、1999年／原著は1986年)などである。

スミス以外で近代主義を批判する研究者の著作の邦訳はほとんどないが、英語圏では数多くの文献が出ている。未邦訳だが、最近のものではグロスビー(Steven Grosby)の *Nations and Nationalism in World History*(『世界史におけるネイションとナショナリズム』／ Routledge, 2022年)などがおすすめである。

(施 光恒)

大国政治の悲劇

ミアシャイマー　John Joseph Mearsheimer, 1947-
The Tragedy of Great Power Politics ; 2001

米国の政治学者。専門は安全保障論。陸軍士官学校卒業後、陸軍と空軍に勤務。コーネル大学で学位取得。シカゴ大学教授。2022年からのロシア・ウクライナ戦争、2023年のパレスチナ・イスラエル紛争にも積極的に発言。

『新装完全版 大国政治の悲劇』
（奥山真司訳、五月書房新社、2019年）

「攻撃的現実主義」から解く戦争の原因と中国の台頭

◇内容
　大国間政治の歴史を紐解きつつ「攻撃的現実主義（オフェンシヴ・リアリズム）」の理論を構築し、大国間戦争の原因から21世紀における中国の台頭がもたらす帰結について考察した浩瀚な文献である。

◇注目点❶ 生き残り（サヴァイバル）の重要性と覇権（ヘジェモニー）の追求
　ミアシャイマーによれば、全国家の最重要目標は「世界覇権国（グローバル・ヘジェモン）」になること、つまり「国際システムの中で唯一の大国になること」である。このように自国の持つ"相対的な"パワーの量を最大化させようと大国に努力するよう仕向けるのは、国際システムの「構造」である。なぜならパワーを最大化するのは、大国にとって安全を確保する最善の方法だからである。

　国際システムには、①国家の上位に存在し全世界の安全を守ってくれる中心的な権威が存在せず、②どの国家もある程度の攻撃的な軍事力を持ち、③国家は互いが何を考え何をしようとしているかを完全には把握できないため、全ての国家は決して拭い去ることのできない恐怖を持ち、自分たちが他国よりも国力を上げれば「自国の生き残り」の確率を高くすることができると考える。

　この自国の存続の確率を一番確実に高めるのが、世界で最強の覇権国になることである。「覇権国になる」という究極目標が達成されない限り、すべての国家の中にパワー増加への欲望が残る。しかし、現実的に見れば世界覇権の達成は困難であるため、大国は「地域覇権国（リージョナル・ヘジェモン）」を目指すが、他の大国は必然的にその阻止を試みる。このように世界では大国同士の競争が永続する。

◇注目点❷ 攻撃的現実主義（オフェンシヴ・リアリズム）理論と五つの仮定（アサンプション）
　攻撃的現実主義理論の主張は「国際システムの基本的な構造によって国家は安全保障を心配するようになり、互いにパワーを争うことになる」というもので、次の五つの仮定から成り立つ。

第一に、「国際システムは、アナーキーの状態である」。第二に、「大国はある程度の攻撃的な軍事力を必然的に持っている」。これは「国家には、互いを傷つけ破壊する手段が与えられている」ということであり「国家というものは、互いにとって潜在的に危険な存在である」。第三に、「すべての国家は相手の国が何を考えているのかを完全に知ることができない」。つまりどの国家も「他国が軍事力を使って攻撃してくるわけがない」とは確信できない。第四に、「大国にとって最重要の目標は"自国の生き残り／存続／存亡"である」。「自国の生き残り」は、国家が持つ他の目標をはるかに超える。なぜなら国家が一度征服されてしまうと、他の目標を求めることさえ不可能になってしまうからである。第五に、「大国は合理的（rational）な行動をする」ので、いかに自国の存続を図るのかを戦略的に考える。

以上の仮定のいずれも、「大国は互いに侵略的に行動しなければならない」という一般的ルールを説明しているわけではない。全ての国家の最重要目標はまず自国の存続を図ることであり、この目標自体は特に有害ではない。しかし、五つの仮定が組み合わさると大国は互いを侵略的なものと考えて攻撃的に行動してしまう。

◇ 注目点❸「中国は平和的に台頭できるだろうか？」

攻撃的現実主義によれば、「中国がもし経済面で発展を続ければ、アメリカが西半球を支配したのと同じような形でアジアを支配しようとする」と予測される。

これに対し、アメリカは中国の地域覇権を阻止するべく、インド、日本、韓国、ロシアなど中国の周辺国とバランシング同盟を結成して、中国を封じ込めようとする。結果的に、激しい安全保障競争が行われ、戦争勃発の可能性が高まる。

その場合、まず「危機」「軍拡競争」「代理戦争」の発生や「政権転覆」、「誘導出血」（両陣営が他方を犠牲の多い戦争に誘い込むことのたとえ）、また「瀉血」（一方が長期戦に巻き込まれた場合に他方がそれを長期化させることのたとえ）の試みが見られ、戦場以外では政府高官が互いを「最大の脅威」と見做し「相手国の詳細な分析」や「脅威を及ぼす敵として描くこと」に資源を費やす。

また「渡航制限」や「中国からの留学生の受け入れ禁止」「製品やサービスの輸出の選択的制限」が表面化する。「儒教の平和主義」や「経済的相互依存」にもかかわらず、「米中間には深刻な戦争が発生する可能性がある」と悲観的な結論が提示される。「中国の台頭は決して穏やかなものとはならない」。

◇ テキスト

ジョン・J・ミアシャイマー『新装完全版 大国政治の悲劇』（奥山真司訳、五月書房新社、2019年〔奥山訳の初版は2007年〕）。

（柴田佳祐）

比較制度分析に向けて

青木昌彦 Aoki Masahiko, 1938-2015
Toward a Comparative Institutional Analysis：2001

 日本の経済学者。東京大学経済学部卒業。ミネソタ大学で博士。スタンフォード大学教授・名誉教授、京都大学教授・名誉教授、通商産業研究所（のち独立行政法人経済産業研究所）所長、中国人民大学名誉客員教授。

『比較制度分析に向けて[新装版]』（瀧澤弘和・谷口和弘訳、NTT 出版、2003 年）

経済・政治・社会・組織の相互依存性を明らかにする

◇内容

　共産主義国家の崩壊と市場経済への移行や、日米経済の勃興と凋落といった20世紀終盤に相次いだ政治・経済上の体制変動は、政府あるいは市場にのみ還元できない双方の領域（ドメイン）に通底する「制度」変革の問題として認識すべきとの学的関心を顕在化させた。本書において著者は、「制度が有用な意味を持つ（institutions matter）」との認識の下、ゲームの均衡として制度を概念化することで、制度に見る複雑性や多様性を分析するための理論体系を「比較制度分析（Comparative Institutional Analysis）」の名の下に提示する。

◇注目点❶ ある特定の経済制度が、なぜ別の経済においてのみ成り立つのか

　既存の「ゲーム理論」はすでに複数均衡をモデル化しているものの、なぜある特定の制度が、とある経済においてではなく、それとは別の経済においてのみ成り立つのかを、自己完結的に説明することができない。この点の克服のため、著者は、現象面においては、経済以外の政治や社会や組織といった他のドメイン間にまたがる制度の相互依存性や、これら複数のドメイン間を結合する制度の本質にアプローチすることが不可欠だとした上で、理論面においては、情報効率性といった観点からゲーム理論に独自の修正を施しつつも、なお体系性を失わない一貫した分析枠組（わくぐみ）を構築することで、ここでの課題に応えようとした。

◇注目点❷ 技術や市場に還元できない様々な要素を独自の枠組みで捉える

　本書が採用するゲームの均衡は、当事者らが個人的で主観的な理解・認知の下でゲームをプレイする中で、ゲームのルールに関する予想が相互に整合的なものとなる時に得られる。当事者らは、各々の主観的理解に基づく行動選択の帰結として、ここでいう共有予想（shared belief）が得られなければ、異なる別の主観的理解を探索しそれに基づいてゲームをプレイする。この時、各行動選択の結合により生み出される観察可能な現実が、彼らの主観的理解を補強することを通じて、依拠すべきゲームのルールが何かを示す指針が顕在化し・再生産される。こうした通時的で再帰的なプロセスが進行する中において、次なる新たな共有予想が均衡を得ることで、制度は変革を遂げる。

青木昌彦『比較制度分析に向けて』　　153

　上記理解の下、本書は、単に技術や市場のみに還元できない、政策ビジョン、制定法、企業家的実験あるいは文化的シンボルといった、経済に隣接・結合する他のドメインに生起する各種要因が、制度変化のプロセスにおいて果たす役割やその影響を、著者独自のゲーム理論的枠組みの下で捉えようとする。

◇注目点❸ 政界・官僚・産業界の「鉄の三角形」が持続し続ける理由

　包摂的で広大ともいえる射程を持つ本書は、国家形態を規定する諸制度に見る多様性や複雑性についても分析を加えている。そこでは、政治ドメインにおける均衡としての国家形態が、その他のドメインにまたがる制度と相互に補完的な配置・作用を持つ中で、様々なタイプへと進化し得る点が論証される。その一つのタイプとしての「官僚制多元主義」（あるいは「仕切られた多元主義」）は、第二次大戦後のわが国の政・官・業による「鉄の三角形」が、代議制というフォーマルな立憲的な制度配置の下、政治ドメインにおいて階層的に構造化された継続的な交渉慣行を通じて維持・再生産される中で、進化し到達した均衡として理解される。

　本均衡は、各省庁間の多元的競争とそれを調停する与党および調整官庁が関与する上位階層と、各事業官庁と所管下企業・業界団体等による交渉や情報交換がインフォーマルに執り行われる下位階層とから成り立っており、そこでは基本的に、経済および社会ドメインにおける競争弱者である企業・業界等の既得権は、組織ドメインに支配的な競争抑制的で平等主義的見地より保護すべきとの理解が、政・官・業3者間の共有予想となっている。ここでプレイされる3者間ゲームの帰結が、日本社会において広く安定的に受容されている限り、立憲的制度としての代議制プロセスは副次的な役割しか果たし得ない。自民党による一党優位体制も、複数ドメインにまたがる制度としての「官僚制多元主義」を相互補完することで、それ自体がゲームの均衡がもたらす経路依存的持続性の恩恵に浴すものとなった。

　こうした優れて分析的なアプローチの意義は、政治・経済上の各種制度が、決して偶発的に生起・定着・変化するものではなく、むしろ相互に結合し依存し補完し合うものであるとの捕捉・理解に、明確で系統的な理論的根拠を付与する点にある。本書は、このことに常に自覚的であった著者の集大成ともいえる業績となった。

◇テキスト

　本書（原文は英語）の全訳は、瀧澤弘和・谷口和弘訳『比較制度分析に向けて』（NTT出版、2001年／新装版、2003年）がある。手に取りやすい文庫化されたものとして、青木昌彦著『比較制度分析序説──経済システムの進化と多元性』（講談社学術文庫、2008年）。なお、本書枠組みを援用し、金融制度改革としてのいわゆるビッグバンを分析したものとして、戸谷哲朗著（原文は英語）、青木昌彦監訳、戸谷理衣奈訳『金融ビッグバンの政治経済学──金融と公共政策策定における制度変化』（東洋経済新報社、2003年）がある。　　　　（青木一益）

ポリティクス・イン・タイム

ピアソン Paul Pierson, 1959-
Politics in time: History, Institutions, and Social Analysis : 2004

 米国の政治学者。専門は比較政治経済、社会科学方法論。オーバリン大学卒業後、イェール大学大学院で学位（政治学博士）取得。ハーバード大学を経て、カリフォルニア大学バークレー校教授。

『ポリティクス・イン・タイム ——歴史・制度・社会分析』
（粕谷祐子監訳、勁草書房、2010年）

政治現象を時間軸上で捉える科学的視点を提供する

◇内容

　社会科学の研究者は、「時系列」の概念をさほど意識せず、ある事象の「瞬間」に焦点を当てて普遍的知見を示そうとする。しかし、そこから断片的に得られる知見をもって、その事象の「長期」に連鎖した状態を正しく説明できるかどうかはわからない。いかにして歴史を効果的に研究に組み込めるか——これは、社会科学の底流に長らく横たわる根源的なテーマの一つであった。

　本書の目的は、特定の政治現象を時間軸上の「過程の一部」として捉える必要性を論じ、「政治的帰結を理解する場面では時間の次元を無視することができない」ことを明らかにする点にある。著者ポール・ピアソンは、関連する従来の先行研究を基に、重要な社会の過程を「静止画」から「動画」へと転換する必要性と視座を体系的に示した。本書を通じて、ピアソンは「時間の次元を備えているメカニズム」のなかから、政治研究に「時間（time）」の概念を導入しようと試みている。

◇注目点❶ 正のフィードバックと経路依存

　黒色の玉と赤色の玉がそれぞれ一つずつ入った大きな壺（つぼ）から一つの玉を取り出し、それと同じ色の玉を一つ追加して壺に戻す。この作業を壺がいっぱいになるまで繰り返したとき、壺に入っている玉の色の割合から何がいえるであろうか。

　その結果は、必ずしも「運」「偶然」のみに左右されていない。ここでは、①黒・赤の玉を取り出す個々の確率と、②玉の取り出し・追加の繰り返しによってもたらされる最終の状態（配列の帰結）を導くルール（取り出した色の玉と同じ色の玉を追加すること）との組み合わせに規定される部分が大きいのである。数学者は、それら一連の過程を「ポリアの壺」と呼ぶ（提唱したハンガリー出身の数学者ジョージ・ポリアにちなむ）。

　ルールに沿って物事を繰り返すことは、将来の発展経路を枠付ける「正のフィードバック（自己強化）」を生み出し、次第に「変革」を難しくしてしまう。

ピアソンは、過去の制度が現在の制度選択を強く拘束する現象を「ロックイン」と、過去の制度が現在へと継続される現象を「経路依存」と定義し、かかる動態は政治現象において当然観察できるものとした。例えば、わが国の公的年金制度でも、歴史的偶然による経路依存性が認められるとされる。

◇ 注目点❷ タイミングと配列・順序

ピアソンより30歳上の社会科学者ティリー (C. Tilly, 1929-2008) は、「配列のなかで事象がいつ生じるのか。それはその事象がどのように生じるのかに影響を与える」と指摘する。ピアソンもまた、政治過程において生じる物事の時間的発生順序が、最新の帰結に重大な影響を与える可能性に言及した。

本書では、歴史志向の研究をベースとする「政治発展論」と、現時点の事象に注目しがちな「合理的選択論」との両分野から比較考察が進められている。そして、ピアソンは、複数の出来事が起こるタイミングが同時であるか否か、あるいは、その発生順序の違いによっても、導かれる結果が大きく異なってしまうという、当然ながらも論理的に示されにくい新たな視点を打ち出した。このような「経路依存的配列」に関する観察眼は、特定の集合行為の過程や公共政策の研究のみならず、国家形成、民主化、工業化など、広範かつ長期にわたる社会の変容を説明する際にも役立つ。

◇ 注目点❸ 「アクター中心機能主義」の限界

「合理的選択論」によれば、政治制度の設計者(アクター)は、自分たちの利益につながると信じて望ましい制度を選択しようと試みる。ピアソンは、この図式を「アクター中心機能主義」と称した。しかし、選択された制度は、設計者が想定しない多様な効果を持ち得る。時間の経過にしたがって社会環境が変化してしまえば、当初の制度に対するアクターの関心そのものが失われる場合もあるであろう。

世の中のさまざまな「状況変化」を前提として政治にまつわる諸制度を観察してみると、それらが必ずしもアクターの利益に資するように生成されているとはいえないのではないか。われわれが政治制度や公共政策を長期に進行する「過程」のなかで考察する視点を育む重要性は、かような部分からも指摘することができる。

◇ テキスト

本書唯一の邦訳版は、粕谷祐子監訳『ポリティクス・イン・タイム ── 歴史・制度・社会分析』(勁草書房、2010年)である。このほか、ピアソンの理論から着想を得た北山俊哉著『福祉国家の制度発展と地方政府 ── 国民健康保険の政治学』(有斐閣、2011年)などを読むと、「ポリティクス・イン・タイム」に対する理解はより深まるであろう。　　　　　　　　（爲我井慎之介）

ソフト・パワー

ナイ Joseph Samuel Nye Jr., 1937-
Soft Power: The Means to Success in World Politics：2004

米国の国際政治学者。プリンストン大学卒業、ハーバード大学で学位取得。同大学教授、同J.F.ケネディスクール学長。民主党クリントン政権で国家情報会議議長、国防次官補(国際安全保障担当)を歴任。

『ソフト・パワー ──21世紀国際政治を制する見えざる力』(山岡洋一訳、日本経済新聞出版社、2004年)

21世紀のアメリカがとるべき「大戦略」を提示

◇内容

本書は、ソフト・パワーという新たな概念を提示し、その定義、源泉、外交政策への適用を論じており、今後のアメリカがとるべき「大戦略(グランド・ストラテジー)」を提示している。

◇注目点❶ 「ハード・パワー」では解決できない世界政治の複雑化

ナイによれば、「力(パワー)」とは何かをする能力であり、「力」とは自分が望む結果を生み出す能力を意味する。「力」とは自分が望む結果になるように他人の行動を変える能力である。従来は軍事力のような「ハード・パワー」が決定的な役割を果たしてきた。

しかし、現代の世界政治はあたかも「三次元の複雑なチェス盤」のようであり、水平方向と垂直方向の両方の三次元ゲームで戦う必要がある。このチェス盤の最上層には古典的な主権国家間の軍事関係の層があり、アメリカは確かに唯一の超大国であり覇権国である。しかし、チェス盤の中層にある国際経済関係では国力の分布が多極化し、最下層にある多国籍(トランスナショナル)関係の層では力が世界の各国や民間の参加者の間に広く分散化・複雑化しており、アメリカが覇権を握っているとは言えない。

ところが、政治指導者の多くはいまだに最上層だけを重視しており、これは長期的に見れば「敗北への道」であるという。なぜなら、力の源泉とその効果を理解する際には状況を理解することが不可欠だからである。現代において重要性を増すであろう多国籍関係の問題で好ましい結果を獲得する鍵は、ハード・パワーだけでなくソフト・パワーの巧みな活用だとナイは指摘する。

◇注目点❷ ソフト・パワーの定義と効果

ソフト・パワーの定義は、「自国が望む結果を他国も望むようにする力であり、他国を無理やり従わせるのではなく、味方につける力」である。換言すれば、他人を惹(ひ)きつける魅力のことであり、魅力があれば他人は黙って従おうとする場合が多いのである。

ソフト・パワーの源泉は三つある。「第一が文化であり、他国がその国の文化に魅力を感じることが条件になる。第二が政治的な価値観であり、国内と国外でその価値観に恥じない行動をとっていることが条件になる。第三が外交政策であり、正当で敬意を払われるべきものとみられていることが条件になる」。

これらの源泉は、人格、文化、政治的価値観、政治制度の魅力や、正当性があり倫理的に正しいとされる政策など、無形のものに関連することが多いが、場合によっては強力な軍事力や不敗の神話、経済力などの物質的要素も魅力の源泉になる。

ソフト・パワーにより「自国の力が他国から正当なものだと見られるようにすれば、その国が望む結果を得ようとするとき、他国の抵抗は少なくなる。ある国の文化とイデオロギーが魅力的であれば、その国に従おうとする他国の意思が強くなる。ある国が自国の利害と価値観に一致する形で国際社会の原則を確立できれば、その国の行動は他国に正当なものだとみられる可能性が高まる。国際機関を利用し、国際社会の原則に従うようにして、自国の好む方向に他国の行動を誘導するか制限するよう促せば、コストのかかる飴と笞はそれほど必要でなくなるだろう」。

◇ 注目点❸ ソフト・パワーの条件と限界

ナイによれば、政府の政策がその国のソフト・パワーの効果を左右する。国内／外交政策が偽善的、傲慢、他国の意見に鈍感、偏狭な一国主義的だ、とみられた場合、ソフト・パワーが損なわれる可能性が高い。例えば、民主主義的国内政治、国際機関での他国との協調、外交政策での平和と人権の推進など、政府が行動によって示す価値観が、他国の選好に大きな影響を与える。

また、魅力によって望む結果が得られる可能性が高い状況／低い状況を見極めることも重要であるという。文化がソフト・パワーを生み出しやすいのは、文化が大きく違っている状況ではなく、ある程度まで似ている状況の下でである。

「力」は全て状況に依存し、どのような状況で誰と誰が関係しているかによるが、ソフト・パワーでは、それを自らの意思で受け入れ、周囲に伝える人々が存在することも重要になる。

◇ テキスト

邦訳は『ソフト・パワー ──21世紀国際政治を制する見えざる力』（山岡洋一訳、日本経済新聞出版社、2004年）。のちにナイは、ハード・パワーとソフト・パワーを組み合わせた概念として、「スマート・パワー」を提示している。関心がある読者は、ジョセフ・S・ナイ『スマート・パワー──21世紀を支配する新しい力』（山岡洋一・藤島京子訳、日本経済新聞出版社、2011年／原著：*The future of power*, 2011.）を参照。

（柴田佳祐）

民主政治はなぜ「大統領制化」するのか

[編] ポグントケ Thomas Poguntke
ウェブ Paul Webb

The Presidentialization of Politics: A Comparative Study of Modern Democracies：2007

編者 [T.P.]ドイツの政治学者、デュッセルドルフ大学政党研究所長、教授。
[P.W.]英国の政治学者、サセックス大学教授。

『民主政治はなぜ「大統領制化」するのか——現代民主主義国家の比較研究』
（岩崎正洋監訳、ミネルヴァ書房、2014年）

政党政治に対する政治的リーダーの優越化

◇内容

　かつて議院内閣制の首相は「同輩中の首席」であった。首相は第一の大臣なのだが、大統領制における大統領のように独任制のポストではないから、首相のリーダーシップは必然的に制限されることになる。しかし、世界各国において、他の権力機関に対して行政の優位化（行政国家化）が進むとともに、選挙、政党、執政府内におけるリーダーの選出過程が個人化されていくに及んで、一人の卓越した政治家（行政のトップ）に権力が集中化される現象が観察されるようになってきたのである。ポグントケとウェブは、それを「大統領制化」と呼んだ。

　自由民主主義体制の枠内では、大統領制、議院内閣制、半大統領制（執行府の双頭体制、大統領と首相の二元制）がある。編者らは、イギリス、ドイツ、イタリア、スペイン、ベルギー、オランダ、デンマーク、スウェーデン、カナダ、フランス、フィンランド、ポルトガル、イスラエル、アメリカを分析対象とした。これらの諸国は、三つの政治体制を網羅する理想的なリストであるが、やや欧州に偏っていることは否めない。

　本書が優れているのは、比較政治研究の業績らしく、それぞれの章が各国政治の専門家によって書かれていることである。そのため、単独の著者が執筆するよりは事実関係が正確になる。その一方で、分析の統一性よりも網羅性が優先され、オムニバス的な構成になりがちとなる。それでも、政治的リーダー（執政府長）の党内権力と自立性は、どの国でも拡大されているとのことである。わが国でも、とくに内閣府設置以降、官邸主導が強まっているとされる。それは小泉純一郎、安倍晋三など、首相のパーソナリティによるものなのか、それとも構造的問題なのか、その問いは共通している。

◇注目点❶ 政党政治は衰退しているか

　現代民主主義国家においては政党政治の衰退と変容が共通して語られている。編者らは、従来のエリート主義モデルと国民投票的モデルとの融合を示唆しているが、そこでは、政治的リーダーは権力資源を十分に活用できれば一層強くなり、敗北すれば

立ちどころに弱体化する。したがって、大統領制化には両面性があることになろう。

「大統領制化」の意味するものは、政党政治に対する政治的リーダー（執政府長）の優越化である。奇妙なことだが、大統領も首相も、「大統領化」しているのである。こうした構造的大統領制化の例外は、アメリカとイスラエルである。

イスラエルでは、首相公選制の導入（1992〜2001）によって制度的には大統領制に近づいたものの、有権者の分裂投票を招き、首相の統制力はかえって低下した。またアメリカでは、（大統領の所属政党と議会第一党が異なる）「分割政府」が常態化し、大統領個人の資源と信認が重要視されるようになっているという。これらの事例は、アメリカとイスラエルをリストから除外するものではなく、それらは偶発的な要素だとされた。

本書によれば、自由民主主義のタイプが多数決型（多数代表型）であろうと、合意型であろうと、大統領制化は共通している。多党制の国では大政党の方がより大統領制化している。イタリアでは、ベルルスコーニ（S.Berlusconi, 1936-2023：イタリアの実業家・政治家。20世紀末から21世紀まで、汚職や脱税などで失脚するも復活し、4次にわたり首相。計9年の在任期間は戦後のイタリアで最長）の成功から学習し、各党が大統領制化を受け入れたとされる。

各国に見られる脱政党化と同時に、選挙の民主化（一般党員が優位となる草の根化）が進むと、党内執行部はもちろん、活動家すら周辺化される。党首は一般党員に直結し、政党全体の地位は低下する。大衆迎合＝ポピュリズム時代の到来を予見するかのような現象である。しかしながら、本書の射程はSNS（ソーシャルメディア）の隆盛まではカバーしていない。

◆注目点❷ 大統領制化か、人格化か

大統領制化の構造的変化として、リーダー中心の選挙過程、執政府内のリーダーの持つ権力資源量の増大、リーダーと議会内の支持者との間の相互自立性の増大の、三つの方向が観察される。一方、ダウディング（K.Dowding, 1960-：オーストラリア国立大学教授）ら大統領制化を拒否する論者は、それは政治の「人格化」であるという。

日本版巻末の補遺では、政治の「人格化」への反論として、議院内閣制の首相は大統領ではないが、大統領制の理念型に類似していると主張される。編者らは「大統領制化」のアイデアを取り下げず、それが論争的であることは認めつつ、比較政治学的に幅広く証拠を集め続けることを提案している。果たして20年後の再評価はどうなるであろうか。

◆テキスト

トーマス・ポグントケ、ポール・ウェブ編『民主政治はなぜ「大統領制化」するのか——現代民主主義国家の比較研究』（岩崎正洋監訳、ミネルヴァ書房、2014年）。なお執筆には、アメリカ、カナダ、ヨーロッパ、イスラエルなどの研究者18人が加わっている。　　（増田 正）

暴力と社会秩序

ノース Douglass Cecil North, 1920-2015
ウォリス John Joseph Wallis, 1952-
ワインガスト Barry Robert Weingast, 1952-

Violence and Social Orders: A Conceptual Framework for Interpreting Recorded Human History ; 2009

 著者
[D.C.N.] 米国の経済学者、セントルイス・ワシントン大学教授。ノーベル経済学賞受賞。
[J.J.W.] 米国の経済史学者、メリーランド大学教授。
[B.R.W.] 米国の政治学者・経済学者、スタンフォード大学教授。

『暴力と社会秩序 —— 制度の歴史学のために』(杉之原真子訳、NTT出版、2017年)

政治経済システムが「暴力」を制御してきた枠組みを捉え直す

◇ 内容

現在、(正統的)暴力を、一定地域・一定住民に対し独占行使する「近代的国家」が、人類社会を分割支配しているとみなされる。本書は、そうした近代的な政治経済システムが、「暴力の制御(せいぎょ)」という観点からみて、歴史的にどのように進展・発展してきたのかについて、政治体制の「民主化」の問題を含め、太古の人類社会から現代までを射程にいれた壮大な概念枠組み(わくぐみ)を提起し、理論化を試みている。人間社会の発展と変化の要因をマクロ的に理解する上で重要な現代の名著である。

経済史専門のウォリスを主筆とし、ノーベル経済学賞(経済史、1993年)受賞者のノースと、現代アメリカ政治学の中で最も論文引用件数が多い研究者の一人であるワインガストの共著による野心作であり、すでに古典の趣きがある。なお、3人がアメリカのスタンフォード大学のフーバー研究所で行った共同研究の成果であるとされる。

◇ 注目点❶ 国家はいつ成立し、どのように歴史的に展開してきたのか

3人の議論では、歴史上存在した社会秩序を、3種類のみであるとする。(1)狩猟採集秩序、(2)アクセス制限型秩序、(3)アクセス開放型秩序、である。

まず(1)の社会では、国家は成立していない。(2)で成立する政体を「自然国家」とする。自然国家では、人間社会の秩序と暴力の問題を、特権をもつ個人や集団からなるエリートの支配連合形成で軽減したとする。そこでは、国家の政治的経済的資源へのアクセスは支配連合に制限され、資源へのアクセスからレント(利権)を引き出す行動、つまり、レントシーキング(rent seeking)行動が重要である。支配連合の参加者(支配層)は通常、連合を維持して相互の暴力を抑制する一方、彼ら自身は暴力を用いて秩序を社会に強制し、レント(利権)を獲得する状況に利益をみいだすとする。

そして、「自然国家」には、その組織を維持し、制度化する程度により、①脆弱(ぜいじゃく)な自然国家、②基本的な自然国家、③成熟した自然国家があるとする。

ノース、ウォリス、ワインガスト『暴力と社会秩序』　161

　なお、それは一方向に「進化」していくとは限らず、制度的退行ともいえる現象が観察できるとする。そして、自然国家が誕生して5千〜1万年、今日でも各地域で自然国家が現存しているとする。脆弱な自然国家といえるソマリア（20世紀末から内戦が継続。外務省の危険情報では、2023年11月現在「退避勧告」〔退避してください。渡航は止めてください〕）などの破綻国家や、著者たちが直接、例として挙げるプーチンのロシア（プーチンが初めてロシア大統領に就任したのは2000年）を含め、旧ソ連（ソビエト社会主義共和国連邦の成立は1922年、解体は1991年）や現中国（中華人民共和国の建国は1949年）、ナチス・ドイツ（ナチ党支配下のドイツ。1933〜1945年）など、近代以降の権威主義国家や全体主義国家も自然国家として位置付けられることになる。

◇ **注目点❷　政治的・経済的機会に広くアクセスする権利をもつ個人の登場は何を変えたか**

　前項の（3）の「アクセス開放型社会」とは、いわゆる自由民主主義社会をさす。なお、そこで成立している国家は、21世紀の現代でもアメリカ、ヨーロッパ、日本を中心に全人類の15%程度、20カ国強に過ぎないとする。そこでは自然国家と異なる論理で暴力を抑制し、社会が維持される。「アクセス開放型社会」では、政府機関は平和的な自由選挙に基づき形成・交代され、暴力は最小限に抑えられる。広範な政治的および経済的参加と競争を特徴とし、個人は政治的および経済的機会に広くアクセスする権利をもつ。制度は財産権を保護し、法の支配を確保し、政治的責任を促進する。

　「アクセス開放型社会」への移行は、各社会で2段階で進むとする。第1段階は、3つの戸口条件と彼らが呼ぶ、❶エリートに対する法の支配、❷公的・私的領域での永続的組織、❸軍へのコントロールの確立が整う段階である。その後が第2段階で、例えば、西洋社会の一部では19世紀に、20世紀以降その他各国で政治体制の「民主化」進展と重なるかたちで新秩序への移行が広がったとみることができる。

　自然国家では、資源へのアクセスが限られ、暴力が普及しているため、個人やグループは、時に暴力的活動を含めたレントシーキング行動に投資する。一方、「アクセス開放型社会」では、制度が包括的であり、財産権が保証されているため、個人は生産的な活動に投資し、持続的経済成長の可能性が高くなる。

　本書は、"暴力と社会秩序"に関する制度と制度化に関する単一の枠組みから、人類史を新たにとらえ直す試みである。

◇ **テキスト**

　邦訳書は、ダグラス・C・ノース、ジョン・ジョセフ・ウォリス、バリー・R・ワインガスト『暴力と社会秩序――制度の歴史学のために』（杉之原真子訳、NTT出版、2017年）。

（富崎 隆）

国家はなぜ衰退するのか

アセモグル Kamer Daron Acemoglu, 1967-
ロビンソン James Alan Robinson, 1960-
Why Nations Fail: The Origins of Power, Prosperity, and Poverty；2012

[K.D.A.]トルコ出身（両親はアルメニア人）の米国の経済学者。ヨーク大学で学び、LSE（ロンドン・スクール・オブ・エコノミクス）で博士。マサチューセッツ工科大学教授。
[J.A.R.]英国出身の経済学者・政治学者、LSEで学び、イェール大学で博士。ハーバード大学准教授を経て、シカゴ大学ハリス公共政策大学院教授。

『国家はなぜ衰退するのか
──権力・繁栄・貧困の起源』
（全2冊、鬼澤忍訳、早川書房、2016年）

経済学者と政治学者の共同作業から生まれた現代の名著

◇内容

社会の貧困と富裕を決めるものは何か。この古くからある問い、社会の経済的発展の原因について、その最重要の鍵が、人種や文化、地理的環境の制約、そして国家指導者の「無知」などではなく、「政治制度」「政治体制」にあることを、アカデミックな最新研究から喝破した現代の名著。

◇注目点❶ 国の中長期的な経済発展は何によってもたらされるのか

経済学をベースに政治経済学へ進んだアセモグルと、経済学の背景をもつものの、むしろ政治学者として評価を得てきたロビンソンが進めた研究プロジェクトを、一般読者向けに再構成したものが、本書である。政治学と経済学における最も基本的な「問い」のひとつに挑む本作は、広範な論争を提起し、現代の新古典とも称される。

本書の課題は、ずばり「国の中長期的な経済発展は何によってもたらされるのか」である。従来、その国の地理的条件や人々の人種的、生物遺伝的差異、社会文化的要因がそれを決めるとしばしば言明されてきた。もしくは、経済発展にはある種の処方箋があり、それが実現できないのは指導者や国民が「無知」で、それを実行しないからだ、とみる場合もある。それらの議論を、アセモグルとロビンソンは「役に立たない理論」と断じ、自身の業績を含め近年急速に発展してきた学術的蓄積をまとめるかたちで、「政治経済制度」もしくは広い意味での「政治体制」のあり方こそがそれを決するのだと明快に論証したのである。

◇注目点❷ 「裕福な国もあれば貧しい国もあるのはなぜか」「問題は政治なのだ、愚か者め！」

これらは、邦訳書冒頭「本書への賛辞」にも載せられた識者推薦文の一部引用である。

では、経済発展と富裕な社会をもたらすメカニズムとは、どのようなものなのだろうか。彼らの主張は明快である。「ある国が裕福か貧しいかを（中長期で）決めるのは経済制度であるが、どのような経済制度を採用するかを決めるのは政治と政治制度である」というものである。

経済発展と裕福な社会をもたらす制度メカニズムは、①包括的な経済制度（所有権・私有財産権保護に基づく自由市場経済）と、それを支える包括的な政治制度（典型として個人の自由権保護に基づく自由民主政治）との相互作用（好循環）であるとする。

逆に、それをもたらさないメカニズムを、②収奪的経済制度（奴隷制、農奴制、指令経済・計画経済など）と、そこからの離脱を阻害する収奪的な政治制度（権威主義的独裁や脆弱な国家）との相互作用（悪循環）とする。

人類史全体としては、収奪的経済制度と収奪的政治制度に基づく②の状況が一般的であったが、偶然を含む歴史的過程を経て、今日ではアメリカ、ヨーロッパ、日本を中心とする各国では、①が機能しているとする。

なお重要な視点は、リプセット（→90ページ）らの「近代化理論」のように、ここでいう包括的な政治経済制度の成立を、単純な進化や歴史的必然として描写しないことである。本書は、歴史経路モデルや、いわゆる「バタフライ効果」（ごく小さな力が大きなうねりを引き起こす現象。蝶の羽ばたきに発する小さな力学的な変化が、さまざまな過程を経て遠く離れた地で自然災害などをもたらす作用に由来する）を意識した、歴史的偶然と、その一回性を強調した議論の構成となっている。

❖ 注目点❸ 「民主主義」と「市場経済」を基盤とする体制は、未来を生き抜けるのか

著者たちの議論の重要な特徴は、①包括的政治制度と包括的経済制度、②収奪的政治制度と収奪的経済制度の組み合わせはそれぞれセットであり、中期・長期でみて、それ以外が持続し難い、とみる点である。

収奪的な政治制度とある程度包括的な経済制度の組み合わせ、例えば、第二次大戦後の韓国などに代表される開発独裁、また、改革開放をうたった1990年代以降の中国、その他本書が「収奪的成長」と呼ぶ政治の中央集権化によって、収奪的政治制度下でも短中期の経済成長は歴史的にみられた。

しかし、これらは長期で持続可能ではないとする。理由は、レント（政治経済利権）を追求する収奪的政治制度下の支配層にとり、それが彼ら自身の生命と資産を危うくする構造をもつからである。結果として、「民主化」し好循環のセットに移行する（韓国ほか）か、中長期のイノベーションに基づく持続的経済成長をもたらす包括的経済制度を政治制度が許さず、悪循環のセットへ移行するかのどちらかとなるとする。

❖ テキスト

邦訳書は、ダロン・アセモグル、ジェイムズ・A・ロビンソン『国家はなぜ衰退するのか──権力・繁栄・貧困の起源』（全2冊、鬼澤忍訳、早川書房、2013年／ハヤカワ文庫版、2016年）。

（富崎 隆）

Index

人名 索引

◎ あ ◎

青木昌彦　152
アセモグル　162
アリストテレス　4
アリソン　100
アレント　84
アンダーソン　118

◎ い・う ◎

イングルハート　106
ヴァーバ　136
ウェブ　158
ウェーバー　40
ウォリス　160
ウォルツ　112
ウォルツァー　108

◎ え・お ◎

エスピン＝アンデルセン　130
エンゲルス　30
オストロム　128
オルソン　88
オルテガ　46

◎ か・き ◎

(E.H.) カー　78
カール・シュミット → シュミット
カプラン　66
ギデンズ　120
キムリッカ　140
ギャディス　122
ギルピン　146
キング　136

◎ く・け・こ ◎

クラウゼヴィッツ　26
ケネディ　124
ケルゼン　42
ゲルナー　116
ゴーデット　58
コヘイン　110, 136

◎ さ・し・す ◎

サイモン　62
サルトーリ　134
ジェイ　22
シェリング　86
（カール・）シュミット　50
シュンペーター　54
スミス　148

◎ た・て・と ◎

ダール　96
ダウンズ　76
タロック　80
デュヴェルジェ　70
トゥキュディデス　6
トクヴィル　28

◎ な・の ◎

ナイ　110, 156
中江兆民　36
ノエル＝ノイマン　114
ノージック　102
ノース　160

◎ は ◎

バーク　24
ハーシュマン　94
ハーバーマス　82
バーリン　92
ハイエク　56
パットナム　132
ハミルトン　22
ハンチントン　142

◎ ひ・ふ ◎

ピアソン　154
ブキャナン　80
福澤諭吉　34
プラトン　2
フロム　52

◎ へ・ほ ◎

ベイトマン　126
ベレルソン　58
ボーダン　12
ボグントケ　158
ホッブズ　14
ポパー　60
ポルスビー　104

◎ ま ◎

マキアヴェッリ　10
マディソン　22
マルクス　30
丸山眞男　72
マンハイム　48

◎ み・も ◎

ミアシャイマー　150
ミラー　138
(J.S.)ミル　32
(C.W.)ミルズ　74
モーゲンソー　64
モンテスキュー　18

◎ ら・り・る ◎

ラザースフェルド　58
ラスウェル　66
リースマン　68
リップマン　44
リプセット　90
ルソー　20

◎ れ・ろ・わ ◎

レイプハルト　144
レーニン　38
ロールズ　98
ロッカン　90
ロック　16
ロビンソン　162
ワインガスト　160

Index

書名 索引

■ あ・い ■

アナーキー・国家・ユートピア　102
アメリカのデモクラシー　　28
イデオロギーとユートピア　48

■ か・き・く ■

革命について　84
共産党宣言　30
クリヴィジ構造、政党制、有権者の連携関係
　90
グローバル資本主義　146
君主論　10

■ け ■

経営行動　62
決定の本質　100
現代政治の思想と行動　72
権力と社会　66

■ こ ■

公共性の構造転換　82
公共選択の理論　80
国際政治　64
国際政治の理論　112
国民国家と暴力　120
国家　2
国家と革命　38
国家はなぜ衰退するのか　162
国家論　12
孤独な群衆　68
コモンズのガバナンス　128

■ さ・し ■

ザ・フェデラリスト　22
三酔人経綸問答　36
静かなる革命　106
資本主義・社会主義・民主主義　54
社会科学のリサーチ・デザイン　136
社会契約論　20
自由からの逃走　52
集合行為論　88
自由論（ミル）　32
自由論（バーリン）　92
職業としての政治　40

■ せ ■

正義論　98
政治学　4
政治的なものの概念　50
政党社会学　70
戦史　6
戦争論　26

■ そ ■

想像の共同体　118
ソフトパワー　156
孫子　8

■ た ■

大国政治の悲劇　150
大国の興亡　124
大衆の反逆　46
正しい戦争と不正な戦争　108
多文化時代の市民権　140

■ ち・て・と ■

秩序を乱す女たち？ 126
沈黙の螺旋理論 114
哲学する民主主義 132
統治二論 16

■ な ■

ナショナリズムとは何か 148
ナショナリティについて 138

■ は・ひ ■

パワー・エリート 74
パワーと相互依存 110
ピープルズ・チョイス 58
比較政治学 134
比較制度分析に向けて 152
開かれた社会とその敵 60

■ ふ ■

福祉資本主義の三つの世界 130
フランス革命についての省察 24
紛争の戦略 86
文明の衝突 142
文明論之概略 34

■ ほ ■

法の精神 18
暴力と社会秩序 160
ポリアーキー 96
ポリティクス・イン・タイム 154

■ み ■

民主主義の経済理論 76
民主主義の本質と価値 42
民主政治はなぜ「大統領制化」するのか 158
民主主義対民主主義 144
民族とナショナリズム 116

■ よ・り ■

世論 44
リヴァイアサン 14
離脱・発言・忠誠 94
立法府 104

■ れ・ろ ■

隷従への道 56
歴史とは何か 78
ロング・ピース 122

編者紹介

加 藤 秀 治 郎（かとう・しゅうじろう）　東洋大学名誉教授

永 山 博 之（ながやま・ひろゆき）　広島大学大学院人間社会科学研究科教授

執筆者紹介 （50音順）

青 木 一 益（あおき・かずます）　富山大学経済学部教授

荒 木 隆 人（あらき・たかひと）　広島大学大学院人間社会科学研究科准教授

荒 邦 啓 介（あらくに・けいすけ）　淑徳大学コミュニティ政策学部准教授

有 賀 　 誠（ありが・まこと）　防衛大学校公共政策学科教授

井 田 正 道（いだ・まさみち）　明治大学政治経済学部教授

稲 村 一 隆（いなむら・かずたか）　早稲田大学政治経済学術院教授

石 上 泰 州（いわがみ・やすくに）　平成国際大学法学部教授

笠 原 英 彦（かさはら・ひでひこ）　慶應義塾大学名誉教授

桑 原 英 明（くわばら・ひであき）　中京大学総合政策学部教授

佐 々 木 孝 夫（ささき・たかお）　平成国際大学法学部教授

佐 藤 公 俊（さとう・きみとし）　高崎経済大学地域政策学部教授

重 村 壮 平（しげむら・そうへい）　広島大学大学院人間社会科学研究科助教

柴 田 佳 祐（しばた・けいすけ）　広島大学大学院人間社会科学研究科特任助教

進 邦 徹 夫（しんぼう・てつお）　杏林大学総合政策学部教授

施 　 光 恒（せ・てるひさ）　九州大学比較社会文化研究院教授

田 中 将 人（たなか・まさと）　岡山商科大学法学部准教授

爲 我 井 慎 之 介（ためがい・しんのすけ）　大正大学地域創生学部准教授

編者・執筆者紹介

長 久 明 日 香（ちょうきゅう・あすか） 広島大学大学院人間社会科学研究科准教授

寺 島 俊 穂（てらじま・としお） 関西大学名誉教授

富 崎　　隆（とみさき・たかし） 駒澤大学法学部教授

永 田 尚 三（ながた・しょうぞう） 関西大学社会安全学部教授

半 田 英 俊（はんだ・ひでとし） 杏林大学総合政策学部教授

藤 原 拓 広（ふじわら・たくひろ） 九州大学大学院地球社会統合科学府博士後期課程

真 下 英 二（ました・えいじ） 尚美学園大学総合政策学部教授

増 田　　正（ますだ・ただし） 高崎経済大学地域政策学部教授

松 元 雅 和（まつもと・まさかず） 日本大学法学部教授

水 戸 克 典（みと・かつのり） 日本大学法学部教授

宮 崎 文 典（みやざき・ふみのり） 埼玉大学教育学部准教授

武 藤　　功（むとう・いさお） 防衛大学校公共政策学科教授

山 崎 元 泰（やまざき・もとやす） 防衛大学校公共政策学科教授

山 田 竜 作（やまだ・りゅうさく） 創価大学国際教養学部教授

湯 川 勇 人（ゆかわ・はやと） 広島大学大学院人間社会科学研究科准教授

吉 田 龍 太 郎（よしだ・りゅうたろう） 慶應義塾大学法学部講師

装丁 ── アトリエ・タビト
図版作成 ── 一藝社編集部

名著で学ぶ政治学

2024年9月10日　　初版第1刷発行

編著者　加藤秀治郎
　　　　永山博之

発行者　小野 道子
発行所　株式会社 一藝社
　　　　〒160-0014　東京都新宿区内藤町1‐6
　　　　TEL.03-5312-8890
　　　　FAX.03-5312-8895
　　　　振替　東京　00180-5-350802
　　　　e-mail:info@ichigeisha.co.jp
　　　　website://www.ichigeisha.co.jp

印刷・製本　モリモト印刷株式会社

© Shujiro Kato, Hiroyuki Nagayama
2024 Printed in Japan

ISBN978-4-86359-285-8　C3031

落丁・乱丁本はお取り替えいたします。

本書の無断複製（コピー、スキャン、デジタル化）、無断複製の譲渡、配信は著作権法上での例外を除き禁止。
本書を代行業者等の第三者に依頼して複製する行為は個人や家庭内での利用であっても認められておりません。